JN090871

監修
小林　隆司 Ryuji Kobayashi

編著
八重樫貴之 Takayuki Yaegashi
佐藤　葉子 Yoko Sato
糸山　智栄 Chie Itoyama

は／じ／め／に

会いたい！　作業療法士に

「アメリカの学校には作業療法士がいて、子どもの支援をしている」

ならば、学童保育に来てもらって、指導員たちを支援してもらったらいいんじゃないか？　では、やってみよう！　このわずかな情報、しかも、「作業療法士」の説明もできず、「コンサルテーション」の意味もぼんやりしたまま2016年に学童保育と作業療法士の連携の試みがスタートしました。５年間、全国のみんなで思い思いに、あの手この手で走ってみたらここまできました。

学童保育、法律上は「放課後児童健全育成事業」といわれています。利用する子どもは、急激に増え続け、2020年５月１日調査では130万人を超えました。33,671か所のクラブで、放課後や土曜日、長期休業の毎日を過ごしています（全国学童保育連絡協議会調査）。130万人の中には、障害がある子どもや配慮の必要な子どもも含まれています。学童保育の利用には、障害の有無という条件はないのです。障害の有無が直接の原因ではありませんが、子どもたちへの個別の配慮や子ども同士のトラブルの対応など指導員たちは日々奮闘しています。

「自由で異年齢集団」という小学校とは違う放課後の時間と集団です。「発達障害」などの特性のある子どもたちの苦労はさらに大きいかもしれません。指導員たちの対応の意味を明確にし、さらに別の視点も加え保育を発展させ、子どもたち自身が豊かに安心して過ごせる力になったのが「作業療法士連携」です。

学童保育（放課後児童健全育成事業）では、「子どもの健全な育成と遊び及び生活の支援」を「育成支援」と定義され、放課後児童支援員等が実施しています。この「遊び及び生活」がまさに作業療法士のみなさんが着目する「作業と生活」です。同じワードを通して子どもたちの成長を支援していたとは驚きでした。今まで接点がなかったのが逆に不思議なくらいです。

この取り組みを聞いた保護者からも、「どうやったら作業療法士に相談できるの？」ともよく聞かれます。しかし、日本では作業療法士になかなか会えません。受診して診断を受けて、病院で療育を受けに行って初めて作業療法士に会えます。高齢者の方は病院やデイケアのリハビリで会える機会が多いかもしれません。日本では、作業療法士の職場が病院や施設が中心で、高齢者や障害者を対象にすることが多いけれど、世界を見渡せば、子どもを対象に地域や学校でたくさん活躍しているとも聞いています。
学童保育でのコンサルテーションで、こんな多くの学童保育関係者が大きな刺激を得たことを思うと、妊産婦、乳幼児支援、学校、障害児サービス、自立援助ホームなどの福祉サービスなど、子どものいるところすべてで作業療法士との連携が期待できます。作業療法士の視点が大きなに力になると思います。

地域で作業療法士に会いたい。

まずは、学童保育でのコンサルテーションの山ほどの事例を中心に、子どもに関わる人たちの作業療法士への期待を知っていただきたくてこの本を企画しました。
一歩、踏み出してほしい。そのための一冊になることを願っています。

2021年6月

岡山県学童保育連絡協議会会長　糸山智栄

＊本書の以下の用語について、地域、制度による呼称の違う表現が混在しています。また、略語についても執筆者の表記にゆだねました。
1）学童保育、学童クラブ、放課後児童クラブ、児童クラブ
2）学童保育指導員、支援員、職員
3）作業療法士（OT）、作業療法コンサルテーション（OTコンサル）

＊本書に掲載した写真は、本文とは関係のないイメージ写真です。
「あおぞら学童保育クラブ」から提供していただきました。

CONTENTS

Prologue

作業療法士連携の手応え、今後に期待すること

小嶋哲志（あおぞら学童保育クラブ）

1 作業療法士との出会い ──課題過多の目線・指摘型の保育からの転換

子どもの「ねがい」に目を向けたとき、保育はもっとカラフルになる

私が支援員になりたての頃、「もっと発達障害に対して理解を深めなければ……」と開いたほとんどの参考書には「じっとしていることが苦手」「気持ちの切り替えが苦手」「コミュニケーションが苦手」「感情の共有が苦手」苦手、苦手、苦手、苦手……いわゆる「機能障害」とされる、子どもの苦手な部分の解説と、それを補うための方法論ばかりが目につく内容にあふれていました。

「発達障害」という、目には見えない障害のある子どもたちと、どう関わればいいのか、自分自身「これでいいのだろうか……」と疑問を抱きながらも、その頃の私には、とにかく、子どもの「苦手」や「困った行動」、そして「トラブル」の場面が訪れた際に、少しでも適切な対応ができるようにと、心がけることで精一杯でした。

もちろん保育を行う上で、子どもの「苦手」を捉え、配慮することは、支援員にとって重要な仕事のひとつです。ただ、当時の私は、子どもが起こす「困った行動」ばかりに目が行き過ぎてしまい、一日中、子どもに注意を繰り返してしまうことも多くありました。

しかし、色とりどりの子どもたちと、笑い合い、ぶつかり合い、日々人と人との関わりを積み重ねていく中で、その子ならではの魅力的な感じ方や世界観、愛らしい、キラキラとした人間性に触れれば触れるほど、大人が子どもの苦手に目を向け、それを正していくような働きかけが、本当に子どもたちの今後に役立っていくのだろうか。そんな疑問や葛藤が自分の中に生まれるようになっていきました。

「変わるべきは、私たちのほうなんだ」

そんな時、子どもも保護者も、そして私たち支援員もワクワクできる「ねがい」や「物語」を真ん中に、子どもたちと関わる大切さを伝えてくれた「作業療法士」（OT）がいました。「あそび」「おやつ」「スポーツ」「アート」「料理」「勉強」「おしゃべり」「散歩」……日々人と生活する中で、か

なえたいことがある。その「かなえたい！」の実現に向けて、専門知識を基に、手を取り、支援を行う。そんな、人を想い、人に寄り添い、「ねがい」を大切にできる作業療法士の姿がありました。

その出会いを機に私は「ああ、そうか、子どもを変えようとすることが、私たちの仕事ではなく、子どもが生きいきと夢中に生活できる、認め合える、参加できる、挑戦できる、そして何よりみんなが笑顔になれる。そんな「環境」や「枠組み」を見出し、つくり出すことこそが私たち、支援員が目指すべき姿なんだ。そうすれば、きっと子どもたちは、自らたくさんのことを感じ、見出し、生み出し、獲得していく子どもを真ん中に、保護者も支援員も笑顔になれる、前向きな子育て・子育て支援を行いたい。そんな想いが強くなっていきました。

「子どもの力を引き出す保育への転換」そして「後手の保育から先手の保育へ」

それが私にとって、保育観、そして子ども観を変えた作業療法士との出会いでした。

2 作業療法士から得た保育の手応え ――「なぜ?」から始まる保育のススメ

保育の枠組みを転換するヒントをくれた作業療法士。他にも学童期の子どもたちと接する上でのさまざまな知識やヒントをいただきました。ここでは私なりに、そんな「作業療法士から得たヒント」を４つのポイントにまとめてみました。

1 行動の必然性への理解と共感――原因より目的を大切にできる保育実践

集中力がない、話が聞けない、順番が待てない、じっとしていられない、何度言っても約束を守ってくれない、うそをつく、すぐ手が出てしまう等…といった学童保育所で日常的に見られる子どもたちの姿。「イライラしてるのかな？」「学校で何かあったのかな？」「疲れていたのかな？」「ただ怠けているだけでは？」

原因をたどっても、子どもたちがなぜそんな言動をとったのか、うまく共感がもてない場面が学童保育所ではよくあります。そんな時、作業療法士の言葉が頭に浮かびます。

「その子は～したかったんじゃない？」

「集中して宿題をしたかったけど、蛍光灯の光が人よりも何倍もまぶしく感じて、気になって仕方なかった」

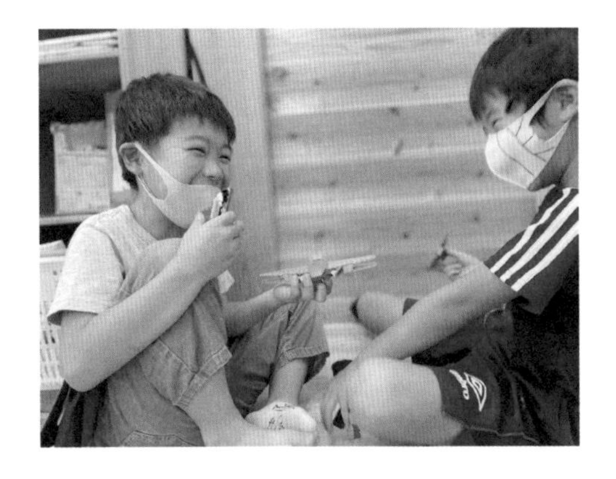

「話を聞いていたかったけど、エアコンや道路を走る車の音が、話し声に混ざって聞こえてしまい、聞いていられなかった」
「じっとしていたかったけど、身体の筋力が弱く、同じ姿勢で座っていることが難しかった」
「うそをつきたかったわけではなく、人より痛みを感じやすいため、少し手が当たったことをたたかれたと感じていた」……

そんな作業療法士から学んだ、たくさんの『なるほど！（必然性への理解と共感)』が、私たち支援員の心を落ち着け、「なんでそんなことするの！」といった言葉ではなく「もしかして〜な気持ちだった？」「じゃあかわりに〜してみるのはどう？」「君の“たたかれた”は、これくらいの強さ？」といったように、この子は「〜したかったのかな？」といった「共感」の視点から問いを出発し、相手と「感覚のチャンネル」を合わせながら、「一緒に解決しよう」といった姿勢を心がけるように、変化していきました。

「人によって感じ方は違う」それは「こころ」だけではなく「からだ」もなんだ！！

聞こえ方、見え方、匂い方、味覚、触り心地、痛みの大きさ……。
身体を通した、その子その子の感じ方の違いにも、目を向けて子どもをみる。
そこから「したい！！」を見つめ、「したい！！」をかなえる工夫につなげる。
子どもと関わる上で、そんな「共感のまなざし」をもてるようになったのは、作業療法士のアドバイスがあったからです。

2 issue 大切なものは何か —— 問いの設定から始める保育

行動の必然性に目を向け、子どもに対する共感のまなざしが増えていったことで、「そもそも、このルールって必要かな」「これは本当に、この子の課題なんだろうか」「毎年やってきたけど、この行事はもっと違う形でもいいのでは……」と、そのつど、目の前の子どもに合わせて「枠組み」を見直す意識をもって、保育と向き合えるようになっていきました。 そんなある日のあおぞら学童でのこと。
行事の後に、いつも子どもたちに書いてもらっている作文の時間。「みんな書いているから……」ととくに疑問をもつことなく、特別支援学級に通うこうた君（5年生）にも、作文といった形式のもとで、彼が少しでも自分の気持ちをうまく書けるようにと、支援員はサポートを続けていました。
しかし、その年の高学年旅行で、本当に生きいきと充実した時間を過ごしていた彼が、これまでの行事とあまり変わらない内容で作文を書いている姿を見て、「せっかくあんなにも充実した時間を過ごしてこられたのに、それを表現するには作文ではもったいなさすぎるなぁ……」と、支援員として、とてもモヤモヤとした気持ちになっていました。
そこで、再度「この作文はなんのための作文なんだろう」と先輩支援員と話し合う機会を設け、この「作文」といった取り組みに対して、私たち支援員がもつ「ねがい」を問い直してみた時に「卒所しても、この思い出を見返せるものにしてほしい」「保護者にもこの子たちの思い出や気持ちを共有してほしい」といったねがいが支援員間で出てきました。「それならば、無理に文章にこだわる必要はないんじゃないか。もっとこの子に合った表現ができればいいのではないだろうか。ここで文章に挑戦するよりも、表現すること自体が楽しめる取り組みにできたほうがいいのではないだろうか」彼や作文に対する方針が、少しずつ明確になっていきました。

そこからは、行事の後は作文ではなく、こうた君と一緒に写真を選ぶところから始め、思い出を振り返りながら、Instagram（インスタグラム）のように、気に入った写真に感想をつけてもらうワークシートを作成しました。その生きいきとした写真と言葉を見て、保護者とも一緒に喜ぶことができました。キラキラ輝く新しい「自分で作る、思い出のアルバム」の完成でした。

③ コミュニティの一員として、所属感を大切にする ――いろいろな「キャラクター」にスポットが当たる保育へ

作業療法士の「作業を通しての社会への参加」といったひとつのゴールが、学童保育でも大切だと感じられる場面がたくさんあります。とくに発達障害を抱える子どもたちの中には、「自分のしんどさ、不快さを周りに理解してもらえない」「何をやっても注意ばかりされる」「なんでうまくいかないのかわからない」等の経験から、疎外感を抱えた状態で学校での時間を過ごし、チャイムと同時に逃げるように学童保育に帰ってくる子もいます。そんな子どもたちにとって、学童保育が同じような「苦手」をつつかれる場所になってしまったら、どんなに生きにくいでしょうか。

学童保育といった、家でも学校でもない「第３のコミュニティ」としての役割を考えた時に、子どもができるだけ自然に、リラックスして過ごすことができる場所にしたい。そのうえで、たくさん挑戦できる場所にしたい。「あそび」という「子どもとしての役割」を通して、たくさんの「夢中」を見つけてほしい。また、そんな時間を人と共有することで、この場所の一員としての「愛着」や「安心感」をもって過ごしてほしい。学童保育が子どもにとって、そんな居場所になれたら。そう思うようになっていきました。

④ 環境構成にメッセージを込める ――言葉がけ中心の支援から、環境づくりを通して行う支援へ

2019年度までのあおぞら学童は、ギュウギュウ詰めのプレハブ保育所で過ごしてきました。「静かにして！」「走らないで！」「こいつが先にたたいてきたんだ！」大人も子どもも、不

快感が高い室内で過ごすつらさを抱えながら、どう言葉を届けるか、どうしたらみんなが楽しい時間を過ごせるか……そんな悩みと向き合う時、作業療法士のあの言葉が浮かびます。

「なぜ、こんなにも、じっとしていられないんだろう？」
「その子は～したかったんじゃないかな？」

作業療法士の講師の研修会を通して、学童期の子どもたちが、私たちの想像以上に有り余るエネルギーの発散を必要としていることや発達障害の有無にかかわらず情報量のコントロールが難しい、刺激を感じ過ぎてしまう子が多く存在していることを知りました。

それからあおぞら学童では、狭い中でも力一杯全身を使って遊べるように、また嫌なことがあった時に、視点も気分も変えることができるよう、園庭に手作りツリーハウスや雨の日でも怒られずに身体を動かすことができるよう、保育室にトランポリンやマットを配置しました。話を聞いてほしい時に使用する部屋には、色や明るさ等、情報を絞る配慮を行いました。集中して宿題や創作活動が行えるように、机にパーテーションとイヤーマフを。一人になりたい時や、ぼーっとしたい時に利用できる水時計や室内テントを設置しました。

子どもが自分だけではコントロールが難しい部分を、言葉がけで補おうとするのではなく「環境」で支援する。そんな視点をもてるようになってからは、子どもの発達状況と環境設定のギャップから生じる困った行動に対して、ただ注意を繰り返し、子どもに自己成長を求めるような働きかけにならないよう、原因の矢印を自分たちにも向けて「適切な環境設定はできているだろうか」といった「問い」をもって、子どもの行動について考えられるようになっていきました。

そして私たち「あおぞら学童保育クラブ」は2020年、38年間過ごしてきたプレハブ保育所から引っ越し、新たな土地に木造２階建ての保育所を建て、保育を行っています。この「木の家」で、今後もより「環境づくり」に力を入れて、保育を行っていこうと考えています。

3　コンサルテーションの魅力
──支援員集団としての専門性の向上

保育とは、常に目の前の子どもたちと「環境・状況」とがリアルタイムに影響を与え合いながら、常に変化する中で行うものです。今何を大切にすべきか、どうみるべきか、どう声をかけるべきか、挑戦させるべきか、守るべきか……そして、今の私たちにはどんな支援ができるのか。次々と目の前に現れる「問い」に対し、迷い、悩みながらも、常にその場その場での判断が求められます。

その中には、私たち支援員だけでは「難しい……」と感じてしまう判断も多く存在します。そんな場面を振り返った時に「一緒に考えてくれる、相談できる専門家が身近にいてくれたら……」と、願う支援員は多いのではないでしょうか。それはきっと「子育て」を行う、保護者にも言えることだと思います。

2017年に岡山から届いた「作業療法士コンサルテーション――子どもの観察・フィードバック・意見交流を通して」の案内は、そんな私たち支援員がまさに求めていた取り組みでした。当時の私はまだ「作業療法士って何をする人だろう？」と、学童保育と作業療法士との共通性が全く理解できていない状態でしたが、同時期に発売された『学童期の作業療法入門』（クリエイツかもがわ、2017年）を使用してのクラブ内勉強会や、岡山、岐阜、沖縄、愛知……さまざまな地域で活躍する作業療法士の研修会で学んでいく中で、その専門性の高さに魅入られ、気づけば「作業療法士の素敵さをもっと学童保育に発信したい！！」と思うまでになっていました。

そして2020年度から、あおぞら学童では、藤田医科大学の伊藤美保子先生と正式に契約を結び、現在、月１回のOTコンサルテーションを行っています。あおぞら学童でOTコンサルテーションを行うポイントは大きく３つあります。

OTコンサルテーションを行う３つのポイント

① 支援員の専門性の向上

保育の質の向上には、豊かなまなざしをもった他者との交流が欠かせません。普段、支援員同士で行っているミーティングやカンファレンスに作業療法士の視点を入れることで、支援員同士だけでは、なかなか出てこないような視点で議論を深めていくことが可能となります。その際は、作業療法士に「教えてもらう」といった姿勢ではなく、お互いの立場を認め合い「議論を深める」姿勢を大切にすることで、より豊かな子ども観の獲得や、新しい視点からのアプローチにつなげることができると考えています。

② 自信をもって保育するために

関わりの狭い保育所では、次第に学童保育だけの当たり前が固まっていってしまい、社会や時代の価値観との乖離が起こってしまう危険性があります。そこで、第三者の視点として、専門家を入れることで、より客観的に、また実情に沿った子どもへのアプローチが可能になると考えています。

また、日々トライ＆エラーを繰り返し、不安ながらも手探りで保育を行っている中で、作業療法士から「この働きかけすごくいいですね！」「この取り組みは、作業療法の観点からみた場合にも、とても理にかなっていますよ！」等、専門家の方に認めていただけることで、勇気をもって、仕事に励むことを可能としてくれます。

③ 学童保育と作業療法士の親和性の高さを生かす

そして、さまざまな「専門性」と異なる「観点」をもった専門家との協働が、「学童保育」という多様な子どもたちが過ごす環境を、より豊かな場所に発展させることができると考えています。なかでも「生活と遊びという作業を通して、自己実現に向けてのサポートをしていく」といった点において、学童保育と作業療法士との連携はとても親和性が高く、相性がぴったりだと感じています。

4 今後の作業療法士連携への展望
～共生のまなざしを育む社会・地域・学童保育所に向けて～

学童保育所は、１年生から６年生までのさまざまな「違い」をもった子どもたちが、共に過ごし、育ち合い、関係性を育む場としての機能をもっています。

近年、社会が性別、年齢、国籍、文化、価値観等の「違い」を受け入れ合い、活かし合える社会づくりに向けて動いている中、よりいっそう、この同質性を前提としない「学童保育所」という「生活の場」が担う役割・可能性が広がっていると私は感じています。

しかし、実際はインテグレーション・統合保育（障がいがある子もない子も同じ環境で過ごす）にとどまり、合理的配慮を必要とするインクルーシブ保育からは、ほど遠いといった現状・課題が多くの学童保育所に存在しています。

そんな今、さまざまな専門家が手を取り合うことで、学童保育所が多様な子どもの「ねがい」や「困り」を捉え、子どもも保護者も支援できる場所になれたら。お互いの「違い」を知り、受け入れ合える環境・関係づくりを通して「共生のまなざし」を育める場所になることができたら。そして、その専門家の輪の中心に作業療法士がいてくれたら、どんなに心強いでしょうか。

多様な人たちが支え合い、認め合い、何よりワクワクできる学童保育づくり、そして、そんな学童保育から始まる地域づくりに向けて、あなたも一歩踏み出してみませんか？　そんな物語を描く、当事者になってみませんか？

子どもの最善の利益に向けて

そして、誰もが受け入れられる・活躍できる、インクルーシブな社会に向けて

Part 1

コンサルテーション 20事例から学ぶ

コンサルテーション20事例から学ぶ

発達障害のある子どもたちは、その発達特性ゆえに、学童保育で過ごしにくさを抱えながら生活をしています。決して、悪気があるわけではなく、友だちとうまく遊ぶことができずトラブルになったり、ルールを守れなかったりして指導員から注意を受けます。いつも注意をされているので、「どうせ僕なんか…」と自己肯定感が低くなりがちです。また、指導員も注意はしたものの、これでよかったのか不安になります。このような負のスパイラルは全国の多くの学童保育で見られる現象だと思います。

学童保育における作業療法コンサルテーションでは、そのような負のスパイラルに陥っている学童保育に、「作業」を通じて子どもの発達を支援する専門家である作業療法士が訪れ、子どもたちの気になる行動だけではなく、学童保育で日々繰り広げられている「生活」や「遊び」、指導員の子どもへの声かけの仕方、学童保育内の環境等を分析し評価します。

そして、子どもが「なぜそのような行動をしているのか」という原因や背景をカンファレンスで指導員に丁寧に説明し、「生活」と「遊び」を通じて子どもの発達を支援する専門家である指導員は、その説明を基に生活や遊びを見直し、環境を調整して、さまざまな方法で子どもの発達・成長を支援していきます。

学童保育指導員と作業療法士の専門家同士がコラボレーションすることにより、学童保育の生活や遊びが豊かになり、子どもたちは楽しく健やかに発達・成長していきます。子どもたちが育っていくことで、指導員の意識も高まり自信がついてくるのです。

学童保育における作業療法コンサルテーションにより、悪い循環であった負のスパイラルから、良い循環であるグッド・サイクルに変化していった学童保育の報告が多く寄せられていました。そこで改めて、そのような連携によるグッド・サイクルの事例を全国から募集したところ多くの事例が集まりました。事例集として以下の４つの内容で編集しました。

- **Chapter 1．子どもの特性を作業療法士が分析、評価し、指導員がその特性を捉えた支援事例。**
- **Chapter 2．学童保育内の環境を整えて、子どもたちの生活や遊びが豊かになった事例。**
- **Chapter 3．子ども同士の対人関係や集団活動に焦点を当てた事例。**
- **Chapter 4．支援員同士の連携についてアプローチした事例。**

各事例にはキーワードを設定していますので、自身の支援の内容に合ったキーワード検索に利用していただきたいと思います。なお、事例に登場する子どもたちの名前はすべて仮名です。

※「評価」という用語について

作業療法における「評価」は、子どもの身体機能などの発達状況を確認し、子どもの行動の原因や背景を分析すること、一方、学校教育での「評価」は、テストなどで教科学習の理解度を評定することである。また、保育や福祉の現場での「評価」とは、諸説ありますが自分たちが行った保育や活動の計画やねらい、関わり方が適切であったかを検討することであり、大人が主体の「評価」になる。

この本では主として、作業療法における「評価」として使っている。多職種で連携する場合、用語の使い方を共通化していくことも大切である。

Chapter 1
その子の特性を捉えて支援

子どもの特性を
作業療法士が分析、評価し、
指導員はその特性を捉えた
支援方法の事例

「走らせないで」
―― よく転び骨折するので……保護者の願い

低学年のそう君、ADHDの診断で、何でも口にいれる、お腹を出す、特定の友だちとしか関わらない、疲れやすい、移動が小走り、よく転ぶなどの特徴をもっています。実は、短期間の間に足の骨折を繰り返しており、保護者からは、「とにかく走らないようにしてほしい」とのねがいがありました（保護者の了解を得て学童での生活の様子を動画に撮影し、オンラインにてコンサル）。

学童保育支援員

走らないようにするには？

入所当初は、砂やお菓子の包み紙等、何でも口に入れることが目立っていました。鏡の前に立ち、自分のお腹を出して眺める行動がしばしばありました。

また、何もないところで「転ぶ」ことも多く、注意があちらこちらにいきますが、行動に制限をかけず、彼のやりたいことをやりたい時にできる関わりを続けてきました。保護者のねがいである「走らないようにしてほしい」に答えるには、どのようにしたらよいでしょうか？

作業療法士の関わり

「揺れや加速の鈍感、不器用さが目立つ」

動画でそう君の様子を確認しました。全体的に筋肉に張りがなく柔らかく、両足が外反扁平足でした。また、姿勢保持やバランス保持に難しさがあり、床に寝転んでいたり、おもちゃを片付けている時に転倒したりしていました。眼球運動も拙劣で、眼球のみ動かすことはできず、頭も一緒に動いてしまっていました。

おやつの時間に小分けされた袋を開ける際には、うまく袋をつまむことができなかったり、手元を見ていると開けることはできていましたが、手元を見ていないと開けることができない様子が確認できました。

以上のことから、この子は揺れや加速を感じる前庭感覚の鈍感さがあるので、筋肉が柔らかく（前庭感覚は筋肉の硬さを調節するスイッチになっている）、バランスがうまく保てず姿勢保持に難しさがあること。眼球運動が拙劣で頭も一緒に動いてしまうので、しっかり物や人を見続けることが難しく、頭も一緒に動くから多動に見えてしまうこと。手指の感覚が鈍いので、手の感覚をうまく使えていなかったり、手指の感覚に注意が向きにくいことから、不器用さがあることをオンラインのカンファレンスで説明しました。

●身体に力が入る、手指にしっかりした感覚遊びを提案

そして、身体づくりのために、①ブランコのような揺れや加速をしっかり感じられる遊び、②身体に力がしっかり入る遊び、③手指にしっかりとした感覚が入る遊び、の３つのエッセンスがある遊びを学童保育で積極的に行ってほしいと伝えました。

①のブランコについては、学童保育の敷地内にはないこと、ブランコのある公園まで遠いことから、とりあえず②、③について意識的に行ってもらうことにしてオンラインカンファレンスを終了しました。

学童保育支援員

行動の背景に寄り添い、共通理解し合う

作業療法士のアドバイスを元に、該当児童の特性・身体の状態を共有しました。

遊びから生まれる、「彼自身が育つ力」を最大限に発揮できるように、彼の行動は今まで通り、制限したり、止めたりせず、行動の背景に寄り添う関わりをしていくように共通理解し合いました。

また、遊び場の土台の土が固く、ボコボコで、転びやすい彼にとっては環境が悪かったため、子どもたち全員に関わることでもあり、大量の砂を遊び場に敷き詰めました。砂を敷き詰めたことで、クッションもよくなり、裸足で砂の感触を感じたり、穴を掘ったりする遊びをするようになりました。

保護者には、該当児童の学童での生活で、成長した面やできるようになったことへの喜びを詳しく伝えていきました。

作業療法士の関わり

「オンラインカンファレンスで育ちを共有、確認」

３か月後に遊びの様子を動画に撮ってもらい確認しました。その遊ぶ様子を見た時に、非常にびっくりしました。まず、筋肉に張りが出てきて頬がシュッとして別人のような表情でした。身体を使った遊びを楽しそうに行っており、前回の動画では特定の友だちとのみ遊んでいたのが、動画では数名の子どもたちと一緒に遊ぶようになっていました。

オンラインでのカンファレンスでは、動画を一緒に見ながら育った点を支援員と共有しました。そのうえで「何か今、困っていることはありますか？」と支援員に尋ねると「今は、豊かに遊べるようになった。見守りはしているが特に心配なことはない」とのことでした。

私も「３か月でこれだけ育っているので、今からとくにこのような遊びを行ったほうがよいというのはないです。このまま遊びを見守ってください」「また３か月後に動画を見せてもらって、心配なことがありましたら相談しましょう」とこの回のオンラインカンファレンスでは、現状を確認するのみでその後のことはとくに話し合わずに終わりました。何も課題がなければ、現場の支援員たちにお任せしたほうがよいだろうとの判断でした。

学童保育支援員

行動の背景に寄り添い「安心・ありのまま」で生活できるように――保護者も不安から安心へ気持ちが変化

そう君は、木登りや木に登って飛び降りる、なわとび、砂遊びや野球、鬼ごっこなど、「遊び」の幅が広がりました。また、怖がりな面もあったのですが、何度もチャレンジするようになり、できることへの喜びも感じることが多くなったように思います。

特定の友だちしか関わりをもつことができなかったが、「遊び」を通じて、学年を問わず関わりがもてるようにもなってきていますし、特定の友だちがいなくても、友だちと関われるようになっています。前学年の時に見られていた奇声をあげる行為、また、何でも口に入れる、お腹を出すといった行為も現在では、ほぼ見られなくなりました。

そう君の特性や身体の状態を知り、「走らせない・転ばせない」ではなく、「走っても転ばない」ことにフォーカスをあて、支援員が子どもの育ちにストップをかけず、なぜ、転びやすいのか、なぜ、そのような行動をとるのか、その背景にしっかりと寄り添い、そう君が「安心・ありのまま」で生活できるように、支援員間で情報を共有することで、支援員側が関わりに適した見守りができるようになりました。また、保護者も不安から安心へ気持ちが変わってきたように思います。

（佐賀県／田中雅美×東京都／八重樫貴之）

「俺の言うこと聞けや!!」
── 感情のコントロールができたらな

外や室内で、友だちと楽しく遊んでいる時、だんだんと声が大きくなったり、表情が険しくなったりします。口調も荒くなり、「俺の言うこと聞けや！！」と叫びます。一緒に遊んでいた友だちも表情は暗く、時には、けんかになることも……。

学童保育支援員

友だちと楽しく遊んでるのに……イラ…イライラ…イライライラ！

２年生のりょう君は、怒り続けていることが多く、話し合いができないこともあります。話し合いができたとしても、相手の子のことばを否定したり、りょう君の勘違いだったとしても間違いを認めなかったり、どんどん怒りが大きくなることもあります。時には、大好きな外遊びが雨でできない時や大好きな工作でも材料がなくて作れない時にもイライラがたまっているように見えます。

声がだんだんと大きくなっていき、顔の表情も変化して、口調が変わっていくりょう君に「声が大きくなっているよ」と教えてあげています。怒りが爆発した時は、静養室や静かな場所へ移動するようにしています。こんな対応でいいでしょうか。

作業療法士の関わり

「イライラしにくい環境づくり」

りょう君は、友だちと仲良くしたい、爆発したくないという気持ちがあるのに、イライラしやすく衝動的な言動や行動をとっています。まずはイライラしない環境づくりから始めてはどうでしょうか？　りょう君は騒がしい環境を苦手としています。静かな場所に移動してもらうという対応はとてもよいので、早め早めに対応できるとよいと思います。

そしてりょう君は見通しをつける力が弱く、見通しがつかない状況に特にイライラをつのらせています。この先がどうなるのかわからないというのは、誰しもが不安です。りょう君が見通しをもつためには、時間感覚を身につけるのがよいと思います。

いつも見ているデジタル時計はパッと今の時間がわかるのですが、時間の経過が見えにくいところがあります。壁掛け時計であれば、どのくらい進んだかわかりますし、あとどのくらい頑張ればよいかが視覚的にわかります。

学童保育支援員

デジタル時計よりも壁掛け時計！

見通しがもてるように壁掛け時計を使いました。りょう君は学習に対して苦手意識があります。時間の把握はデジタル時計を見るか、支援員に聞くことでした。デジタル時計では、「今、何時か」ということを知るためだけの使用になっていました。なので、りょう君は苦手な壁掛け時計を見ることはありませんでした。

作業療法士との話の中で、先の見通しがもてるのは、壁掛け時計だとわかりました。時計に始まり用のテープと終わり用のテープを貼ってりょう君に見通しをもってもらうようにしました。

りょう君自ら、壁掛け時計を見ることは、ありませんでした。ただ、支援員から、りょう君に壁掛け時計を見るように声かけをしました。続けているうちに、りょう君から、「もう少しだ」と発言があり、残り時間（先の見通し）を意識できていると思い、うれしくなりました。

作業療法士からのコメント

「自分の気持ちをことばに変える」

りょう君は自分の感情をコントロールできず、また自分の気持ちがどういったものなのか、自分でもよくわかっていない状況になっているように思われます。そんな状況では相手に気持ちを伝えるのは難しいと考えられます。

支援員がイライラの兆候をつかんでいるので、次は自分自身の感情をことばで伝えられるようにしてみてはどうでしょうか？　まずは、信頼されている支援員が代わりに気持ちを代弁してあげる、自分で支援員に伝える。その次に自分で友だちに気持ちを伝えるといった感じで、段階的に取り組んでいくのが大切です。

それでも、怒りが爆発した時には、引き続き、本人の落ち着く場所へ移動するという対応でよいと思います。また、気持ちが落ち着く物（クッションや布、スクィーズなどその子にあった物）を使用するという方法もあります。

学童保育支援員

イライラした気持ちをことばにする

りょう君がイライラし始めた時に、「ムカつく？」「いやな気持ち？」「悔しい？」と聞き、言語化していく練習をしています。聞くことでりょう君から返事があったり、なかったりと状況で変化がありました。まずはりょう君から支援員に、そして、友だちに対して気持ちを言えるように促しをしていきました。

また、言語化も難しいかと思い、「怒りのレベル表」を用いて「今、どんな気持ち？」と聞き、りょう君の気持ちを見てわかるようにしてみました。支援員もそしてりょう君自身も把握できるようになりました。

すぐには、自身の感情・気持ちをうまく伝えることが苦手なので、段階的に練習を重ねていきたいと思います。

怒りの感情だけではなくて、「楽しい」「うれしい」などの気持ちもことばにして伝えることも練習していきたいと思います。

（岡山県／坂邉知穂×高原康徳）

怒りの感情

怒りの感情の持続時間は６秒ほどと言われています。子どもが怒っている時に「ゆっくり深呼吸してみよう」「６から順番に１まで数えてみよう」などと声かけして、怒りのピークをやり過ごす方法があります。また、怒りの表を示して可視化することで、客観的に自分の怒りを確認することができ、どんなことで怒りを感じやすいか理解してもらうことも大切です。

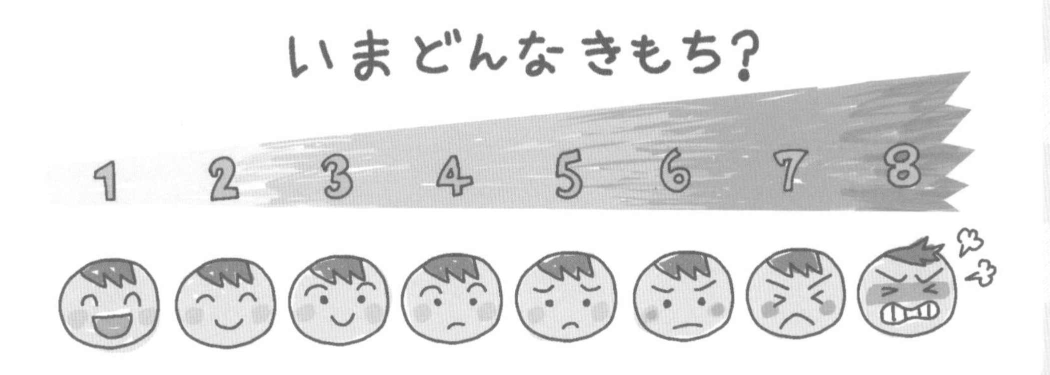

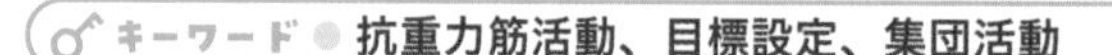

キーワード● 抗重力筋活動、目標設定、集団活動

転ばないようにしたい
── ゆらゆら体を揺らし落ち着きがない

走っていてよく転びます。どうすれば転ばないようになるでしょうか？

ひろし君は身体を動かして遊ぶことは好きだけれど、身体がグニャグニャしていてつまずいたり、転んだりすることがよく見られ、何事も長続きしません。宿題中も床にゴロゴログニャグニャしてしっかり座れず、身体が机にもたれかかってしまい、やる気がないように見えてしまいます。

学童保育指導員

身体を動かすことは好きだけど、グニャグニャしていて転びやすい

常にグニャグニャしてやる気がないように見えます。運動は好きだけれどすぐ転んでしまい、「疲れた」といって頑張ることができず長続きしません。どう関わってあげればよいでしょうか？

作業療法士の関わり

「生活の中でできることをしっかり取り入れる」

姿勢をまっすぐ保つために必要な、重力に逆らう時に働く抗重力筋活動やバランスの働きが十分でない可能性があります。このような力を育てるためには、重力に逆らう姿勢やバランスを育てるような運動が有効です。

クラブでできることであれば、毎日長机を出し入れする習慣があるようなので、長机を運ぶのを手伝ってもらうなど、筋肉を使いながらバランスをとって歩くような活動を取り入れてみてはどうでしょう？　また、少し踏ん張らなければならないような荷物を運んでもらうなど、ご家庭でもお手伝いの一環として協力してもらってはいかがでしょう？

Step 2

学童保育指導員

長机を一人で運べなかったが、運べるようになり、身体がしっかりしてきた

自分で使ったものは自分で片付けることが学童のお約束なので、長机を片付ける時には声かけをしていましたが、運ぶ時間になるといつもどこかへ逃げていっていました。アドバイスを受け、私たちの意識が間違っていたことに気づきました。

ただルールだからしてもらいたいではなく、ひろし君の困ったことへの手助けになることだから、少しずつ一緒にできるように声かけをしていこうと気づけたことは、大きな一歩だったと思います。

指導員と一緒に「長机を最終的に一人で運べるようになる」という目標を立ててから、はじめは一緒に運ぶように促し、徐々に指導員の持つ力量を８割から５割などと少しずつ減らしていくことで、最終的には一人で運ぶことができるようになりました。

長机を一人で持てるようになる頃には、遊んでいる時に転ぶことが減りました。踏ん張り遊びでも力がつき、「ひろし君が最近強くなった！」と子どもたちが変化に気づき、みんなでひろし君をほめるようになりました。

MINI COLUMN

抗重力筋活動――筋トレとは違います

姿勢が保てない、すぐ転ぶ、ゴロゴロしているなどの相談はよくあります。原因としては、筋力の弱さだったり、バランスの悪さが影響していると考えられます。人間は、四足歩行から二足歩行に移行する過程で、一番重い頭部が一番上に位置するというアンバランスな身体になってしまいました。一番重い頭部をまっすぐ保つために、背中の脊柱起立筋や腹筋、太ももの大腿四頭筋などの抗重力筋を常に働かせている必要があります。姿勢が保てない子どもたちはこの抗重力筋が弱かったり、しっかり働かさせることが苦手だったりします。

このような場合は、単にその弱い筋肉を強化しようと腕立て伏せやスクワットなどの筋力トレーニング（筋トレ）と思いがちですが、それだと学童保育の遊びや生活で使える身体はなかなかつくれません。筋トレではなく、実際の遊びや生活で身体に負荷をかけていきましょう。重いものを持って運んでもらったり、掃除の時に床の雑巾掛けをしてもらったりすると、身体も鍛えられ先生からもほめられ一石二鳥です。遊びも、お相撲で押し合ったり、友だちをおんぶしながら鬼ごっこをしたりすると、楽しみながら遊びに適した身体がつくられていくと思います。

作業療法士の関わり

「指導員と子どもたちの関わりが、とてもあたたかい」

アドバイスを忠実に試行錯誤しながらていねいに関わりをもった結果だと思います。目標を明確にすることで、指導員の意識する視点が定まりやすかったのかもしれないと感じました。また、ひろし君の変化を一番に気づいて表現してくれる友だちの存在も大きかったと思います。

クラブ全体でいいところを表現し合える環境は、とても気持ちがいいと感じました。

学童保育指導員

やる気がないと思っていたが、実はそうではなかった

ひろし君の様子を見ていると、「やる気がない」と思っていましたが、実は筋肉やバランスの問題があったんだということを知り、「だからなんだ！」と納得することができました。

ひろし君は長机運びに挑戦し、一人で運べることを友だちに認めてもらったことで、自信がもてるようになりました。最初どうしてあげればいいのかわからない私たちの声を聴き、方法を提示し、あたたかい声をかけてもらうことがとてもうれしかったです。相談できる人がいる、一緒に考え、支えてくれる作業療法士がいることで、とても安心して保育に取り組むことができました。

作業療法士の関わり

「集団活動の中でやれることを考える」

私たち作業療法士のほとんどは、１対１で対象者と関わりをもつことが多いため、個人プログラムを考えることは得意とします。けれど学童クラブのように、集団生活の中で、個人のいいところを伸ばしていく関わり方を提案させてもらうという視点は、とても勉強になりました。また、実際に出向かせてもらい、学童クラブの流れや環境、子どもの普段の様子を見学することは、大切なプロセスだと感じました。

（高知県／篠崎加恵×細川かおり）

はじめての学童コンサル

友人OTと一緒に

小児発達領域の経験がない私、療育の現場で働いている同級生のOTと一緒に、はじめて児童クラブを訪問しました。

まず、クラブの概要や気になるお子さんの話を伺い、施設内を見学。このクラブでは、クラブに来ると、まず別棟の勉強部屋で宿題をし、その後、メインの部屋でおやつと遊びが始まります。この日は工作の日。集中力がなく、食べ物の好き嫌いが多い1年生のけいた君、やる気スイッチのオン・オフが極端で宿題ができない日もあるたけし君の2人に注目することにしました。

勉強部屋に並んだ長机1つを壁に向かって設置し、集中できるような環境を用意して、子どもたちの帰りを待ちました。けいた君はたけし君と競うように宿題し、集中して宿題は完了。その後のおやつでは、食べ物がずっと口の中にあり、友だちの工作や遊びが気になって、食べながら歩き回ることもありました。工作では、右手ではさみを持ち、うまく切れないと、左手に持ち替えて、なんとか切っていました。

たけし君は、「お母さんから正座したらアカンって言われてる」と言い、しゃがんだ状態です。カーペットや座布団などで簡易な椅子にしてみるもたけし君は座ってくれず、その日は終了となりました。

約2時間後、支援員とミーティング。子どもたちが支援員たちを信頼していて良好な関係が築けていること、外遊びや室内遊び、イベントや工作など活動が多彩なこと、とてもいいタイミングで声掛けができていることなどを伝えました。

けいた君については、おやつの量を自分で決め、それが食べられたら「OK」というルールにすることや、利き手を決めるよう促すこと、たけし君については、迎えに来たお母さんに正座のことを尋ねるとそのようなことは言っておらず、たけし君の勘違いだったことが判明。これからは正座や椅子などの安定した座位を検討すること、また、同様に日常の会話の中で間違った理解をしている可能性があることなどを伝えました。

集中力と瞬発力、そしてOTの基本知識をフルに

短い滞在時間で、複数の子をその場で評価し、結果を伝えることは、とても集中力と瞬発力のいることで、発達の特徴や身体的・認知的な知識はもちろん、さまざまな場面での動作分析、環境や家族関係などを知っておく必要があると改めて思いました。

期待に応えなければ！のプレッシャーは大きかったですが、勇気を出して「はじめての学童コンサル」をしてみると、OTの可能性はまだまだあり、OTが関わることで、子どもたちや支援員の困りごとが少しでも消えて、みんなルンルンでハッピーになれたらなと思いました。

（デイサービス・訪問リハビリ・専門学校教員の
3足のわらじOT　大山明美）

言いたいことを伝えたい
── トラブル多発、なんとかしたい

けい君は3年生。リーダー的存在。他の子どもたちとの関わりの中で、自分ルールにこだわり、相手に伝わらずトラブルになることが多々あります。

外遊びでリレー対決を2チームですることになりました。自分で考えたルール「折り返し地点に支援員が立っていて、支援員をタッチしたら戻って次の人と交代」をみんなに伝えたが、伝わっていない子どももいる様子。もう一度説明するがわかってもらえず、イライラが残ったままリレーを始めてしまいます。

折り返し地点の支援員にタッチではなく、支援員を回ってきた子どもに対して、怒りが抑えきれず相手を責めたり、つかみかかろうとしたり、トラブルになることがあります。気持ちをうまく相手に伝えるためには、どうすればいいですか？

学童保育支援員

口頭で説明するがわかってもらえず、イライラが残ったままで遊んでしまう

外遊びでリレーをすることになり、自分でルールを決めて友だちに伝えるが、理解してもらえなかったり、聞いてもらえなかったりします。自分で伝わっていないのはわかっていますが、早く始めたいので強行してしまいます。

やり始めて負けそうになると最初に言っていたルールに追加したり、変更したりして自分を優位にもっていこうとします。

作業療法士の関わり

「図や文字を使って可視化を」

思いついたルールが複雑で難しい。大人でも口頭説明だけでは伝わりにくい。

外遊びの時にホワイトボードか紙を持っていったらどうでしょうか？　ルールを図や文字に残すことによって、相手にも伝わりやすくなり、イライラが軽減されるのではないでしょうか？　また、書いておくことで、途中で遊びに加わる子どもに再度、ルールを説明する時間が省けるため、活動時間を増やすことができると思います。

Step 2

学童保育支援員

ホワイトボードを書く習慣を身につけ、変化が見えてきた

いつでもどこでもホワイトボードが使えるように持ち歩くことにしました。まずは、書くということを重視して、好きなように書かせてみました。

また、支援員自らホワイトボードを使ってみるようにしました。すると支援員が書いているところを覗き込んでくるようになりました。

室内卓球では、ホワイトボードにトーナメント表と順番を書くことでイライラせず待つことができていました。以前に比べて、友だちとのやりとりがスムーズにいくようになりました。

作業療法士の関わり

「継続的に支援していく」

繰り返していくことで習慣になってくると思います。引き続き様子を見ていく必要があると思います。ルールを守ろうとする様子や友だちと関わり、関係性をつくろうとする姿勢が見られました。

本人がもつリーダー性をより伸ばせるように役割を与えてみてはどうでしょうか？

学童保育支援員

本人だけではなく、全体にも活用できるようになってきた

ホワイトボードに書くことにも慣れてきて、今後は伝わりやすい書き方になるように支援の工夫が必要になります。少しずつ友だちとの行き違いも減ってきました。

また、みんなの前に立ち、黒板に日誌を書く役割をまかせてみたり、全体のホワイトボードに書く役割を与えてみたりすることで、自分のことだけではなく、周りのことも気にかけるようになってきました。

支援員自身も今やっている支援が、本当に子どもたちのためになっているのか？悩みながら支援しています。そこに作業療法士にコンサルテーションに入ってもらうことで視点を変えてもらったり、気づきをもらったりします。それらの気づきを実際に学童でやってみることで変化を感じることができました。

今の支援を「このままで大丈夫だよ」と背中を押してくれるのも力になります。OTコンサルは子どもにとっても支援員にとっても影響力のある取り組みだと思います。今後も連携をお願いしたいです。

作業療法士の関わり

「答えは一つではない。角度を変えよう」

役割をもたせることで、伝え方を学べるよい機会になると思います。けい君は多少、言い方が攻撃的なところもあるので「こういう言い方で言ってみようよ」とサポートすることも必要です。成功体験を積み重ねて、継続支援してください。

（佐賀県／河村美緒×江渡義晃）

MINI COLUMN

視覚は感覚の王様

感覚はいわゆる５感（視覚・聴覚・触覚・味覚・嗅覚）に筋肉の感覚である固有感覚と揺れや加速を感じる前庭感覚を加えた７つの感覚があり、目で見て感じる視覚の割合は８割で、耳で聞いて感じる聴覚は１割程度と言われています。

言葉で指示を伝えようと思っても、１割くらいしか子どもには伝わっていないかもしれないので、黒板やホワイトボードに指示内容を書いて「見て！」と伝えるとわかりやすいのかもしれませんね。

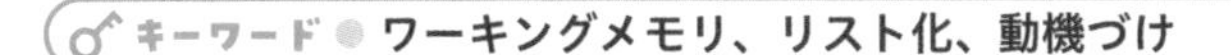

忘れ物をなくしたい
── 目移りしてあちこち気になる

　いろいろなことに注意が向いてしまうはるなちゃん。ADHDの疑いと幼少期に言われていました。学校から学童に帰ってくる時には、必ず教室に忘れ物をしてきてしまいます。

　また通所後には、荷物を自分のロッカーに片付ける前に、先に来ている友だちの様子が気になり、荷物は床に置いたまま、連絡帳を出す前に遊び始めてしまいます。

学童保育指導員

あれもこれも気になる……

　たくさん気になることがあり、何から取り組めばよいかわからない状態でした。まず通所後、指導員のところに連絡帳を出しにくるまでに、あちこちに注意が向いて時間がかかってしまうこと、また、学校に忘れ物を取りに行ったはずが、お花に水やりをして帰ってきてしまったりと、注意が他に向くので、通所後、宿題にとりかかるまでに時間がかかり、宿題と遊ぶ時間が短くなり、イライラすることもあります。

　時には右に行こうとして、左から声が聞こえたら急に方向を変えてしまい、友だちとぶつかってしまうなど、友だちからは「わざとぶつかってきた」など、誤解を受けるようになってきています。どのようにしてあげたらよいのでしょうか？

作業療法士の関わり

「目標を絞って一つずつ解決案を探りましょう」

　すべて同時に解決することは難しいかもしれません。一つずつ指導員が気になっている困り感と子どもの行動を整理して、「こうなってほしい」という目標を立ててみましょう。

　話を聞いた感じでは、学童でみられている「忘れ物が多い」という内容は、家と学校でも共通しているようなので、まずは「持ち物の管理が自分でできる」という忘れ物に関する目標を立て、そこにフォーカスを当てて一緒に考えていきましょう。

学童保育指導員

とにかく毎日忘れ物が多い

アドバイスを受け、まずは忘れ物について考えてみました。

通所後すぐに連絡帳を出しにこられない理由は、筆箱や宿題プリント、水筒など毎日と言っていいほど、いろいろなものを学校の教室に忘れて、取りに戻らなくてはならないからでした。

また、家に持って帰らなくてはいけないものを学童に忘れて、帰ってから学童までお母さんに取りに来てもらうことがたびたびあり、何度声かけしても、本人は気にかける様子はありません。

作業療法士の関わり

「苦手な部分は補おう」

いろいろと目移りしてしまう点から、情報を一時的に覚えておきながら目的に合わせて取り出し考える働きである頭の中のメモ帳（ワーキングメモリ）の働きが弱く、目的を忘れてしまう可能性があります。それならば、その働きを補うためのチェックリストを準備して、視覚的に思い出しやすいように外部記憶に頼ってみましょう。

さらに目的を思い出すきっかけとして、できた日にはシールを貼り、シールがたまったらお菓子と交換できるようなしくみはどうでしょうか。学校の先生と保護者にも協力してもらい、学校の登下校時に一緒に持ち物を確認してもらえるよう協力し合ってみるといいかもしれません。

学童保育指導員

持ち物リストとシールで忘れ物が減り、連絡帳を出すまでの時間も短縮

アドバイスをもらい、まずどこに何を忘れてくるのかをリサーチし、保護者と一緒に持ち物リストを作成して連絡帳に貼りました。お母さんも「忘れ物がなくなったら助かります」と言われていて、シールがたまったらアイスクリームやお菓子など、ごほうびとしてあげてくれることになりました。

シールを貼るという取り組みを始めたことで、「シールを貼りたい」「忘れ物をしなかったことを認めてもらいたい」「忘れ物をしないようにしよう」と持ち物に対する意識づけができはじめ、通所から連絡帳を出すまでの一連の流れがスムーズに進むようになり、宿題にとりかかるまでの時間も短縮されました。

その時に「今日は早く持ってこれたね」と意識してほめるようにしました。時々忘れてしまうこともありましたが、次の日には「今日は忘れずに持ってきた！」とアピールしてくれる日も増え、シールが貼れることやほめられることがうれしくて、ごほうびがなくても忘れ物を自分で確認することができるようになりました。

アドバイスを受けて、「焦点を当てて段階を追ってやっていきましょう」と関わりを否定せず、やさしく受け入れてもらえたのがうれしかったです。子どもを見ていく上で、焦らずに一つずつやることの大切さと、一つのことに関わることで、他のことにも変化をもたらすこともわかりました。

作業療法士の関わり

「成長するにつれて、自分で管理できるように」

悪気がない行動により、なぜかいつも怒られてしまうという経験が積み重なっている子どもは多いのかもしれません。ほめてもらえることで、「こうすればいいんだ」と自分のよかった行動を振り返ることができたと思うため、意識してほめることはとてもよかったと思います。

これから成長して社会に出ていくにあたり、自己管理していけるようになることが大切だと思います。シールは動機づけのきっかけであり、「忘れやすいところがあるからメモに残そう」というように、自分の苦手なところを知り、代償する手段のバリエーションを提供していくことが大切だと感じます。

（高知県／篠崎加恵×細川かおり）

MINI COLUMN

ワーキングメモリ

子どもに何かお願いした時は「わかった！　やるよ！」と元気に返事をしたのに、頼んだことをすぐに忘れて遊んでいることはよくあります。これは、脳の機能の一部であるワーキングメモリの働きが弱いからかもしれません。ワーキングメモリというのは、その時にやるべきことの必要な情報を一時的に記憶して、その記憶に基づいて一連の作業を処理する能力のことです。

頼み事の内容を頭の中に記憶して、その記憶に基づいて頼み事を行うのですが、ワーキングメモリが弱いと頼み事をすぐに忘れてしまったり、頼み事の内容に沿って作業できなかったりするのです。この場合は、ワーキングメモリ自体を育てるよりも、「先生、何頼んだっけ？」とか「頼んだことは黒板に書いてあるよ」など、ワーキングメモリの弱さを助けるような声かけや視覚的な支援を行うと効果的と言われています。

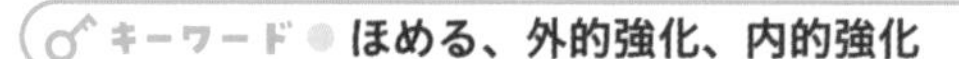

手洗いシールからの卒業
── いつまでシールを使うんだろう？

こだわりが強いたかし君はなかなか手洗いの習慣がつきません。インフルエンザの流行する時期でもあり、手洗いの習慣が定着してくれることを願っています。

学童保育指導員

好きな車のシール貼りがないとできない

手洗いの習慣が定着するように「がんばりカード」を作成して、手洗いができれば、たかし君の好きな車のシールを貼るようにして支援していますが、シールがある時には手洗いはしたけど、シールがないと手洗いができません。この先、どのようにしていったらいいでしょうか？

作業療法士の関わり

「できたときに十分ほめる」

まず、行動の定着には時間がかかることをご理解ください。人はそれほどすぐに変わるものではないので、ある支援の方法が決まれば、ある一定期間は継続して支援する必要があると思います。なので、シール貼りはもう少し続けていいと思います。

ただし、ただシールを貼るだけでなく、手洗いができた時には十分にほめることが重要です。この「十分に」が大切で、たかし君がほめられるうれしさを感じることが、行動の変容につながります。

学童保育指導員

ほめられることに喜び、シールが不要に

「手洗いができたら、シールを貼るのと同時に、めちゃくちゃほめましょう」とのアドバイスをもらいました。また、「『シールがもらえるからうれしい』から『ほめられるからうれしい』への切り替えを同時にしていく」といいのではないかと言われました。

アドバイスを実践する中で、たかし君は、指導員と洗った手でハイタッチして「ちゃんと手を洗ったよ」と表現するようになりました。たかし君は、ほめられることに喜びを感じるようなシールはもはや必要がなくなりました。

作業療法士の関わり

「ほめることで、次の行動への期待、動機づけに」

子どもをほめる時には、外的強化（今回はシール）から内的強化（できたことがうれしい）へと変化するようにイメージするといいです。最初は物で適切な行動を引き出すこともありますが、それだけに終わらず、ほめることを添えると、それによって次の行動への期待や動機づけがなされると思います。

シールなしで手洗いが可能になったのは、ひとえに指導員たちが意識的にほめつづけたことによるものです。ほめることは子どもを育てる上で、なくてはならないことだと思います。これからもほめることで、子どもの行動を引き出していきましょう。

学童保育指導員

否定せず専門的な解釈で適切な提案がよかった

次の年の冬になると、手を洗うのを嫌がる子が他にもでてきました。

たかし君の経験があったので、手洗いができない子どもの存在に気づき、手洗いに取り組むように誘導できました。ひとりの支援が、たくさんの子どもたちへの支援に広がりました。

指導員は、子どものことを考えていろいろなことに取り組みますが、裏づけがなく、不安を抱えていることも多いです。

そんな時に、作業療法士から「すばらしいですね」「いいですね」「熱心ですね」と声をかけていただき、自信がもてました。また、私たちのやろうとしていることを否定せず、専門的な解釈をしつつ、適切な提案があったので、苦痛なく取り組むことができました。

作業療法士の関わり

「作業療法士として貴重な経験」

作業療法士としても、学童保育に入らせていただくことで勉強になることがたくさんありました。こちらこそ貴重な経験をさせていただきました。

（岡山県／河北大樹×森川芳彦）

お話をちゃんと聞いてほしい

── ゆらゆら体を揺らし落ち着きがない

１年生のけいた君（ADHD傾向、知的発達に遅れなし、療育手帳なし）。いつも、ゆらゆらと体を揺らしたり、上下に動いたり、落ち着きがありません。そして突然、大声を出したり、指導員のお話もちゃんと聞けないようでした。おまけに、いつも忘れ物が多く、自分が何を忘れたかもわからない状況です。

学童保育指導員

「ちゃんと、お話聞けるかな～」

けいた君と１対１でお話しする時は、向かい合わせで座って、注意が他にいかないように、静かな環境でお話しすることにしました。そして、ゆったりした気持ちでお話しをすることを心がけました。指導員の顔を真っすぐ見てお話が聞けない時は、けい君のお顔を両手で持って、こちらを向かせたりも……。それでも、視線は定まりません。

作業療法士のアドバイス

「ここは僕の場所！」

けいた君にお話をする時はパーソナルスペースをつくって、例えば壁際に座らせて、「ここは僕の場所！」というようなエリアをつくりましょう。そうした、落ち着いた環境の中で話をします。宿題をする時も同様にすることが望ましく、ちゃんとお話が聞けたらほめましょう。

学童保育指導員

「ボク、じっとできないんだよね～（^-^;)」

おやつを食べている時も、いつも絶えず身体を動かし、時には立ち歩いて食べるけいた君。「お行儀が悪いから、座って食べてね～！」という、指導員の呼びかけにもまったく聞く耳をもちません。食べている時も、口にいっぱい食べ物が入ったまま、大声で話をするから、他の子どもたちも「けいた君は汚いから、近くで食べたくない！」と、敬遠する始末……。本人は、全然気にしていません。さて、どうしたものでしょうか…。

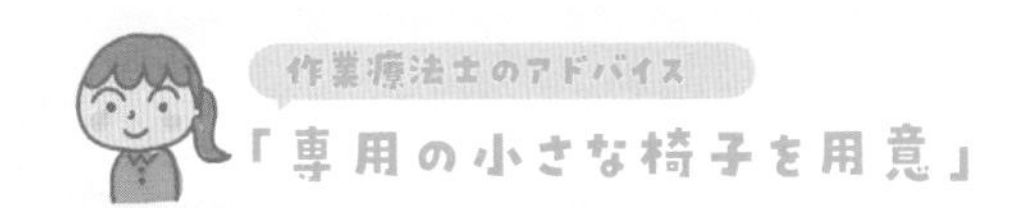

ほめられることでけいた君の自信につながると思うので、できた時はしっかりとほめること。じっとしていられないことへの対応としては、けいた君専用の小さな椅子を用意してそこへ座るようにすると、自分のテリトリーとして定着していくはずです。

クラブの机は長机で脚が短いタイプのものなので、少し小さめの椅子を用意してみましょう。

「指導員の気持ち」

初めて作業療法士によるコンサルを受けて、専門的な知識をもつ方のアドバイスは理にかなっているな～と感じました。子どものもつ感覚に呼びかけて、その子の身体ごと、困難さを一つひとつ取り除いていく。それは、長い時間の積み重ねだけれど、できた時に「できたね!!」「すごいね!!」を繰り返していくことで、いつも何をやっても否定され、認めてもらえなかったけいた君の自己肯定感も育んでいくことにつながるのだな、と実感しています。

ほめられて、嫌な人はいない。これからも、継続してけいた君の成長に合わせて、長い目で、作業療法士の視点も取り入れながら、けいた君の育ちに寄り添って、見守っていきたいと思います。

（兵庫県／中村朱美×大山明美）

MINI COLUMN

やり始めたらすぐほめる

できたことをしっかりほめることはもちろん大切ですが、気が散りやすいADHDの子どもは、最後まで作業をやりきることが苦手だったりします。そうすると、いつまでもできないので大人はほめにくいですよね。ほめようと思っていても「最後までちゃんとやって！！」と怒ってしまったり。そのような時には、行動をやり始めた瞬間に「やってくれてありがとう」「助かるわ～」などの声かけをするように心がけてみましょう。

お手伝いや係活動、下級生と一緒に遊んでいる時など、その行動を始めたタイミングで声かけしようとすると、ほめるチャンスはたくさんあるはずです。ポイントは、オーバーにほめるのではなく、「あなたのよい行動は先生ちゃんと見てますよ、ありがとうね」という先生の気持ちを短い言葉や態度で伝えることです。ＳＮＳの「イイね！」ボタンを押すように、子どもがやり始めたら「イイね！」と声かけしてみてください。

キーワード●感覚欲求、通常学級、巡回相談

手が出る足が出る
―― 周りの子が怖がる5年生……通常学級のコンサル

小学校５年生けん君。体も大きく、力が強い。瞬間的にカッとなり、手が出たり、暴言が出ます。学習にも遅れがある。クラスメイトは６人。周りの子が少し怖がる様子も出てきたので、どう対応したらよいでしょうか。

●担任：休み時間、友だちと話していると、何かが勃発していて、男の子同士なので少し小競り合いのようになっています。授業中に同じようなこともあります。エスカレートして手が出てしまっていて、時には物を蹴っていることがあります。休み時間、友だちと楽しく遊んでいることもあるんですが…。

●特別支援コーディネーターの思い：小規模校なので、全体で子どもについて考えることができる雰囲気があります。けん君は確かに体も大きく、周りの子が委縮してしまう時もあって…。でも本人の思うところもあると思うし、感覚の特性もあるように思います。学校内の教員に、ただの暴力ではなく、そして、彼だけでなく子どもたちの感覚の特性について知ってもらいたいんですよね。

作業療法士の関わり

「授業観察・分析」

授業を観察させていただきました。授業中に体を揺らす様子、キョロキョロする様子が見られました。先生が話をしている際に、途中で発言したり、近くの児童に話かけることもありました。授業には参加をしていて、教室から出ていくような様子はありませんでした。

作業療法士の関わり

「全校教員との共有」

授業中観察された様子について、①いつもの様子と同じなのか、違うところがあったのか、を確認しました。訪問時には暴言も、手を出す様子も見られませんでしたが、②いつ、どのような場面でトラブルになったり、怒りやすいのか？ということもあわせて先生方から情報をいただきました。③先生たちは、「体を揺らしている」「キョロキョロする」「手が出る」行為について、どのように受けとめているのか、いつもどのように対応しているのか情報を得ました。

●全校教員：「授業は、いつも教室にいるよね！」「気づいたら手が出ている気もする…」「友だちと話しているときが多いかな？」「最初はじゃれているようなんだけどね」など、このような会話が、どんどん先生たちから出てきました。「体はよく揺らしているけど、落ち着きがないのかと思います」「低学年の時にそこまで手を出すことはなかったようですね」
作業療法士やコーディネーターの先生からの問いかけに対し、振り返りながらたくさんの情報やそれぞれの教員からみた捉え方についてもディスカッションが深まりました。

作業療法士の関わり

「感覚統合の視点とポジティブな関わりを」

教室から飛び出すことはなく、授業に参加したい！　友だちともかかわりたいという気持ちがあるお子さんですね。休み時間には身体を動かす活動を好んでいることや授業中に身体を揺らすこと、瞬間的に手が出る（暴力的に見える）行為について、感覚統合の視点から、固有受容感覚を感じにくい、力の微調整が難しい、触れられることに対して少し過敏さがあることが影響している可能性を全教員に説明しました。

また、感覚特性だけではなく、読み書きの難しさから、学習についていけていないことも、自己肯定感の低下や日々のイライラにつながっているかもしれないと考えました。

保護者との連携は継続しながら、まず学校でできることとして、クラスメイトから「怖い」印象をもたれるだけになってしまわないよう、本人のできること、役割、周囲からポジティブなフィードバックが得られる場面がつくれないか提案をしました。

〔校内での取り組み〕

情緒的な安心感と、本児の感覚ニーズを満たせるよう、休み時間などには、男性の体力に自信がある先生と、しっかりと身体を動かす時間をつくることにしました。例えば、レスリングや押し相撲など遊びの中で、触覚と圧迫感覚を得られる活動を取り入れてみることにしました。

〔学校からの経過報告〕

児童の読み書きについては、特別支援コーディネーターが眼球運動や視知覚検査を実施し、読み書き困難の背景を探り、繰り返しの書き取りの練習ではなくけん君の学習向上につながるプリントなどを用意して取り組んでみることにしました。

休み時間は若手の男性教員とクラスメイトのまもる君とともに、先の提案の活動をはじめとした、けん君の感覚ニーズにも合う遊びができる機会も確保しました。また、どんな時にイラっとしてしまうのかについて、けん君と振り返り、その際にどのようにするとよいか、けん君と教員で話し合ってみることも試みています。

すべてがすぐに変化をしたわけではありませんが、教員間でけん君に対する対応について全体で共有をすることができ、他の児童についても、感覚の特性も視野に入れて検討することができるようになりました。

（広島県／佐藤葉子）

COLUMN

みんなでドッジボール大会に出たい

◎ ルールを理解するのが難しいりく君

おっとりしていてマイペースな、りく君。

言葉がすぐに出てこない、順序立てて物事を整理することや状況理解が苦手、疲れやすく同じ姿勢が保てない等、気になることはあるけれど、楽しく児童クラブで過ごしています。

「俺も大会に出たい」と言い出しました。三連覇のかかった試合。りく君の願いと子どもたちの三連覇への思いの間で悩みました。

練習が始まりました。「パス」と声をかけてきた敵にパスをする。「あっちに投げろ」と言われると、敵の指示通りに投げてしまい、相手ボールになる。そんなことが続きました。また、逃げることが楽しくて、コートから大きく出て逃げてしまう。ラインから出ているという意識がなくて逃げることに一生懸命。本人は楽しそうにしているけど、「何をしてるんだ」「ちがう！」ときつい言葉が飛びます。まわりの子どもたちだって必死なのです。練習相手の他クラブの子どもから「あいつ、おかしいよな」などのからかい声も聞こえるようになりました。

◎ りく君の特性をみんなに伝えて相談

「りく君は大会に出たいと言ってる」「りく君はルールを覚えることが苦手」「何のために大会に出るの?」「みんな、どうする?」と子どもたちと話し合い、「りく君と一緒にドッジホール大会に出る」と決めました。「りく君も、このクラブのひとりだから」「みんなでりく君を守ろう」と。

その後、子どもたちは一丸となって、りく君がからかわれないようにと上手に声かけをしていました。しかし、まだ「ルールを守る」という大きなハードルが残っています。そんなときに作業療法士の訪問を受けました。

◎ 色付きビブスの着用で敵味方を明確に

「『色付きのビブスの着用』で、味方か敵かを視覚的に判断できるかも。そして、コートの内野、外野の味方の配置も全体的に捉えて、ルールを理解できるかも」とのアイディアが出ました。

思い切って、子どもたち全員分のビブスを購入しました。ビブスを着用して練習開始。クラブカラーのグリーンのビブスは、目立ち過ぎる感じでしたが、りく君が大会に出るためならと、着けることを嫌がる子どもはいませんでした。りく君は、視覚的に味方・敵が判別でき、またグリーンのビブスをつけた味方チームと一緒にいればいいので、ライン越えて逃げ回ったり、相手のコートに入ることもなくなりました。

試合当日。ビブスをつけて円陣、キャプテンの声に、りく君も大きな声で「おー!!」ルールを守って、大会に参加。そして、みごと優勝!!三連覇。りく君もみんなと抱きあいながら、飛び上がって喜んでいました。その後、何日も何日も、うれしそうにドッジの話をしていました。りく君とみんなの大きな成長の場となりました。

（岡山県／籠田桂子×鶴藤彩）

Chapter 2

環境を整えて

学童保育内の環境を整えて、
子どもたちの生活や遊びが
豊かになった事例

キーワード● 書字障害、眼球運動、固有受容覚

ひらがなが苦手
── 見え方の特性に合わせて

宿題をするゆうき君はひらがなを読むことが苦手です。多くの指示を必要とするため、支援にも時間がかかってしまいます。ゆうき君の見え方の特性に合わせた支援を共有してくれることを願っています。

学童保育指導員

宿題の支援にマンツーマンでつかないとできない

国語や算数の課題プリントをゆうき君と支援員が一緒に取り組んでいますが、細かくヒントを出し、答えにどうにかたどりつきます。しかし、いざ答えを書こうにもひらがなを覚えておらず1文字ずつ50音表から探し出しますが、見つけられず指さしして書いてもらっています。

作業療法士の関わり

「1行だけにして聞いてみてください」

実は文字は個人によって見え方が違います。私たちには当たり前のように見えているものが、違って見えることがあります。今回の場合は、眼球運動の弱さに加え文字のイメージの記憶が曖昧なことが原因の一つとして考えられます。

学童保育指導員

座っている時に集中が続かない

宿題をしている時に落ち着かず、服のタグを触ったり陰部を触ったりする様子がみられますが、終わるまで離席することはありません。集中を高めるにはどうしたらいいでしょうか？

作業療法士の関わり

「お手伝いをお願いしてみてください」

落ち着かず、身体の部位や特定の感触の物を触ろうとする行動は、体幹機能のやや弱いお子さんが、努力して姿勢保持をしている時に多く見られる行動です。

体幹をきたえるために全身を使う遊び（手押し車やケンケン相撲等）に加え、重たいものや大きなものを運ぶお手伝いをお願いすることも有効な関わりになります。とくにお手伝いはしたことをほめる絶好の機会です。

学童保育指導員

視覚情報を減らすには どういう支援をすればよいのでしょうか？

ブックスタンドがあるので50音表を立てて見せたらよいのでしょうか？　学童には他に使えそうなものはないんですが……。

作業療法士の関わり

「真っ白な用紙を2枚用意してください」

眼球運動では、左右に追う動きよりも上下に追う動きのほうが簡単な運動になります。とくに上から下への動きというのは、乳幼児期に身につけている初歩的な運動のため容易です。そのため50音表の中で、今から見つけてほしい文字がある列以外を左右からそれぞれ隠してもらいます。そうすると指さししなくても声かけだけで見つけられると思います。

遊びの中では点つなぎや迷路課題、キャッチボール等も有効です。

学童保育指導員

ひらがなを覚えてもらうには今後どうすればよいのでしょう？

１列にすることで声かけだけで文字を見つけ、書けるようにはなりましたが、これだけでひらがなを覚えていけるのでしょうか？

作業療法士の関わり

「感覚の足し算をしてみてください」

文字のイメージを記憶し、必要に応じて取り出すためには、鉛筆を動かす感覚や手に伝わる紙の感触や机の感触、見えた感覚を脳に取り込み、適切な処理を行うことが重要です。

姿勢保持の弱さ等から固有受容感覚の鈍さが疑われましたので、こうした感覚の入力が弱く、うまく処理できていない可能性が考えられます。その子が鈍いと思われる感覚を足し算するために下敷きにサンドペーパー（紙やすり）を使用することも有効な関わり方になります。

感覚の鈍いお子さんは、自分がしたことがうまくいったのか失敗したのか、判断できていない可能性があるため、うまくできた時には逃さずほめることも重要です。

（大分県／永松謙一・津田憲吾）

MINI COLUMN

固有受容感覚について

固有受容感覚とは、筋肉を通じて自分の身体がどのように動いているか、どのような力が働いているかを感じる感覚です。この感覚が弱いと、姿勢の崩れに気づきにくかったり、体操やダンスなどの動作模倣がぎこちなくなってしまったりします。また、力のコントロールにも関係しています。

その子自身は軽く触れたつもりでも、力が強く友だちに「たたかれた！」と言われたり、普通にコップを置いたつもりでも「ドン！！」と置いてしまって、先生や友だちから注意をされたり、いつもドタドタ足音を立てて教室を歩いていたりします。

このような場合は、普段の生活の中で長机などの重い物を運んだり、友だち同士でお相撲をしたりして、自分の身体で重さや力強さをしっかり感じることができる活動を行なっていくことが有効です。長机運び係で、先生やみんなからほめられますし、一石二鳥ですね。

キーワード ● 環境設定、パーテーション、自作

Chapter2 2

宿題がしっかりできるように
――周りで遊んでいる子が気になる

学校から学童保育にきて子どもたちが宿題をする時、勉強をするスペースと遊ぶスペースを完全に区切ることができず、遊んでいる他の子どものことが気になってしまう子がいます。何かいい方法はありませんか？

Step 1

学童保育指導員

学習と遊びの様子

勉強や読書と静かにする遊びなどは、長机を出して取り組んでいます。帰ってくる子や遊ぶ子と勉強する子は動線を分けていますが、完全に区切ってはいないため、遊んでいる姿が見えたり楽しそうな声が聞こえたりすると、そちらが気になってしまうようです。

集中して勉強している子もいるのですが、宿題を途中でやめて一緒に遊んでしまったり、なかなか切り替えて勉強を始めることができなかったり、他にちょっかいをかけてしまう子どもがいます。

作業療法士の関わり

「個々の子どもの対応法、すぐにできる環境設定を提案」

❶ できていることの支持とプラスアルファの提案

「静的な活動」「動的な活動」と空間を分け、動線もわかりやすくまとめ、子どもたちもそれを意識して活動できていることはとてもすばらしいと思います。後は個々の子どもへの対応方法や、全体に対してすぐにできる環境設定を提案します。

❷ パーテーション（仕切り板）による環境設定

現状を大きく変えない、動線に干渉しないようにする道具として長机に置くコの字型の仕切り板を提案。プラダン（プラスチックダンボール）を使用しており明るさや視認性がある、長机だと感覚的に捉えにくい「自分専用のスペースや範囲」を認識しやすい、手軽で安価といった利点があります。

❸ 子どもたちにとっての「特別感」を演出

勉強への切り替えをする際に「家とも学校とも違う」「ちょっと特別」といった気持ちの変化をきっかけに促す方法を提案。素材もあまり目にしないものを使用することでより興味を示すことを期待します。

学童保育指導員

トライ＆エラー

作業療法士がプラダンで作成した仕切り板を実際に使用しました。子どもたちもものめずらしいため興味を示し、実際に使ってくれました。しかし、プラダンの強度が低くすぐに仕切り板の折り目から裂けてしまい、長く使用することができませんでした。そこで、作業療法士の仕切り板を参考に、ダンボールを使用した学童オリジナルの仕切り板を作りました。頑丈で壊れても補修がしやすく、子どもたちも気に入ってくれています。

学童保育指導員

学習用仕切り板→「プチ」プライベートスペースとしての活用

はじめは勉強用として使っていましたが、最近では勉強以外でも、毛布を天幕のように使用して外からみえないようにして「プチ」プライベートスペースとして使用している子どももいます。「周りから見えないから落ち着ける、集中できる」と感想を話してくれます。今は三つほど作っていますが、今後は子どもたちの希望も聞きながらさらに考えていきたいです。

作業療法士の関わり

「勉強しやすい環境（仕切り板）の提案→道具を使った環境設定」

❶ 仕切り板の発展的な使用

作業療法士の提案した仕切り板から着想を得、ダンボールで強度を上げて実用性を向上させた仕切り板を作成した点はいいですね。想定を超えて壊れてしまったことで子どもたちにケガはなかったか確認し、指導員に謝罪しました。作業療法士と指導員で「提案→実践→振り返り」と、トライ＆エラーで情報共有できていることは一つの形です。また、先生と子どもたちが勉強以外にも、「プチ」プライベートスペースという新しい形で使用していることはとてもすばらしいです。

❷ 環境設定について

実際の使用方法から、クールダウンや精神的な落ち着きにつながっているという新しい側面についても説明しました。学習でも使用していることで本来の目的や実用性を感じていただけており、一つのことが解決すると、それに関連し新しい気づきがある様子です。困りごとを聞きながら、タイポスコープ*など学習に関連する用具も提案し、さらなる環境設定ができるよう紹介もしていきます。

＊台紙に窓枠を切り取ったもの。読む場所に窓枠をあて、読む箇所以外を覆うことで文章が読みやすくなる。

（山形県／梅津憲栄）

キーワード ● 家具配置、椅子導入、拠り所

そもそも過密、トラブル多発
――変えられる工夫はあるの？

プレハブ校舎の空き教室一室に１年生から６年生まで41名の子どもたち（長期休業中は51名）が在籍。いわゆる「気になる子」も多数おり、多くの子どもたちが過ごしている室内を走り回り、テーブルの上を渡り歩き、高いロッカーに上る、物を投げ合う、子ども同士のトラブルなどの危険な行動が多く見られ、支援員の注意のことばも届きません。室内にいられず、外へ逃げ出す子を支援員が追いかけることもあります。

学童保育支援員

子どもたちにとって安心・安全な生活の場であってほしい

作業療法士の関わり

「窮屈な環境はさまざまなトラブルの元 ―テーブルや椅子、パーテーションなどで区切る工夫」

ギューギュー詰めで落ち着かないという環境に影響されて起きている行動が多いと思われます。一室空間に全学年が生活する環境は、発達も動きも違う子どもたちにとって、身を隠す場もなく、大変きびしい環境となっているはずです。人と人との距離が保障されないと子どもたちの間にさまざまなトラブルが生じます。

例えば、高い所に上りたがる子は、窮屈な空間から抜け出て全体を俯瞰して安定しているのではないでしょうか？　どんな子どもでも、大人でも、ずっと誰かに見られている環境は嫌ですよね。また、座卓に座る（床に座る）という生活には、動きづらさ、姿勢の保ちづらさがあるのではないでしょうか？

具体的な対応

●白いテーブルと椅子を配置

まず、テーブルと椅子を用意しました。これまで、ロッカーの上や窓に上っていた子どもたちが、真っ先にテーブルに集まり、危険の多い高い所に上ることが少なくなりました。

●パーテーションを使ってエリアを区切る

1メートルほどの高さのパーテーションを用意して、支援員が活動空間を区切るために使いました。子どもたちも、自分たちのエリアをつくるために活用し始めました。子どもの腰くらいの高さのものは、子どもたちがごっこ遊びに活用しています。

●牛乳パックの椅子

低学年の子どもが、テーブルの高さに合わせて座れるようにと作った牛乳パックの足台は、椅子としても活躍。座卓では姿勢を保てない子に差し出すと、それまで腰を浮かせていた子がちゃんと座りました。

学童保育支援員

1年生の利用が増えて、発散できず、支援員も疲弊

クラブで用意できる範囲のテーブルやパーテーションの活用で、子どもたちの行動にいくらか変化が見られました。しかし、翌年度、1年生利用が一気に増え、限られた空間にさらに多くの子どもたちが入ることになりました。静かに遊びたい子と動きのある子との間のバランスが取れず、トラブルも増えました。

1年生からは、「大きいお兄ちゃんが怖い。来なければいいのに」という声も聞かれました。外遊びができる日は、どうにか発散することができましたが、悪天候の日や校庭が使用できない日は、子どもはもちろん支援員も疲弊してしまう状況が見られました。

● OTの「環境を変えれば解決する」言葉を拠り所に

前年度のコンサルでの「ここで起きている問題は、環境を変えればほとんど解決する」というアドバイスを拠り所に、さまざまな機会に、そのことを行政の担当課に訴えました。その甲斐があり、クラブ室と隣接している図工室の廊下を保育空間として借用できることになりました。

すると以前のテーブルを設置した時と同じように、動きのある子どもたちが、その空間での活動を楽しみ始めました。今まで、廊下の隅や、玄関に居場所を求めていた子どもたちが、新しい空間で活動を始め、子どもたちの間に少し隙間ができたように感じられました。気の合う仲間集団で別空間に陣取り、支援員に聞かれたくない特別な会話を楽しむ様子も見られました。

学童保育支援員

環境に原因があると考えると子どもとの関係性もよくなる

さらに次年度、新しい1年生が入り、課題を抱える子もいる中で、「(学童で) 高学年にいじめられている」という訴えがあることが学校から伝えられました。確かに、落ち着きがなく、乱暴な行動も多い子どもたちですが、それもこの狭い限られた環境の中で、子どもたちが生活していることに起因があると思われました。

下校後のイライラや自分たちの空間が保障されない不満が、乱暴な言葉や行動になり、低学年が「怖い」「いじめられた」と感じてしまっていることが多いようでした。私たち支援員が、このような視点で子どもたちの問題を考えられるようになったきっかけは、コンサルを受けたおかげだと思います。

「子どもの問題行動が生じる要因を、その能力や性格、家庭にだけ求めるのではなく、身体のどこかに不都合を抱えているのではないかとか、環境になにかしら原因があるのではないか？と考えると、その子どもとの関係性がよくなる」という作業療法士からの言葉が拠り所になっています。

現在、まだまだ子どもたちにとって、十分な環境とは言えませんが、今後も子どもの居場所の環境を整えるための働きかけを続けていこうと思っています。

(宮城県／飯田眞佐子×濱畑法生)

パーソナルスペース

パーソナルスペースとは、人と人との対人距離のことです。アメリカの文化人類学者のホールが対人距離を４つのゾーンに分類しました。それぞれ４つのゾーンには近接相と遠接相があるのですが、大まかには４つあると理解してもらっていいと思います。

❶ 密接距離：極めて親しい間柄の距離。とても近い。
❷ 個体距離：お互いが手を伸ばせば触れられる距離。少し近い。
❸ 社会距離：身体接触ができない距離。ある程度遠い。
❹ 公衆距離：個人的な交渉のもてない距離。遠い。

学童保育では、①や②の対人距離で過ごすことが多いと思いますが、触覚に過敏があったり、対人社会性に難しさをもっていたりする子どもたちには、距離が近いのかもしれませんね。

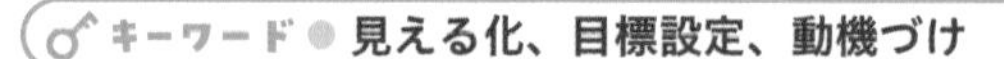

休んだら卒業できないよ
── 高校不登校が始まった……自立援助ホーム

美佳さん（17歳女性）は家族とのトラブルが多いことから、高校２年生の12月に自立援助ホームに来ました。彼女の目標は、「高校卒業」「就職」「一人暮らし」でした。通学に１時間以上、放課後、休日はアルバイトとかなりハードな日課でがんばっていました。しかし、自立援助ホームでの人間関係やトラブル多発で精神的に不安定になり不登校、アルバイトも行けなくなり、このままでは留年してしまいそうです。

支援スタッフ

トラブル続きで職員との関係も悪化、ホーム全体に影響

入所当時は、高校に１時間以上かけて通学。また、寮費捻出のために放課後と休日にはアルバイトというハードな日課を元気にこなしていました。しかし、彼女はお風呂に入る順番を忘れることがたびたびあり、順番待ちをしている他の子たちから大ブーイング。貸出共有物の返却も忘れることから、他の子との関係が次第に悪化していきました。

そうしたトラブルの中で不登校になり、アルバイトにも行けず、苛立ちを示すようになりました。何とか卒業させ、就職までこぎつけさせなければ……とあせる職員との関係も悪化し、ホーム全体がギスギスした雰囲気になりました。

職員３人でどうしたら……と悩んでいる時、作業療法士のアドバイスを受けてみてはどうかという提案がありました。

作業療法士の関わり

「これ以上休むと留年が必至」

スタッフとの初回面接で、美佳さんが休まず高校に通うには、どうしたらよいかとの相談がありました。彼女はADHDと診断され、現在も服薬を継続しています。

小学生の頃より児童養護施設に入所し、現在は自立援助ホームから高校に通うが、高３の１学期もまもなく修了という時期にきて、これ以上休むと留年が必至の状態でした。

支援スタッフ

頑張りすぎて生活リズムをくずす

美佳さんの状態は、何かに頑張りすぎて生活リズムを崩して高校に行けない状況でした。アルバイトでは一心不乱に働いて、ホームに帰ると倒れこむように眠り、朝起きられないことが多々ありました。

友人関係では、体調不良にもかかわらず遊びに参加して、倒れて救急搬送されることもありました。

作業療法士の関わり

「人間作業モデル※で整理、通学した時の見える化で動機づけ」

美香さんは、高校に行かないといけないことは理解していても、通学への動機づけに欠ける面がありました。この状況を人間作業モデルで整理すると、作業への動機（やる気）が低く、作業のパターン（習慣）がくずれ、高校への参加が妨げられていることがより明確となりました。通学した日の見える化と動機づけのためにカレンダーにシールを貼ること等を提案して1回目のコンサルを終えました。

支援スタッフ

見える化とスタッフの一言コメントが効果的

作業療法士のアドバイスを受けながら、「卒業」を第一の目的にし、スモールステップを積み重ねる方法で、「一人暮らし」に向けて支援をしていこうという方針を出しました。

「卒業」に向けて、通学の頑張りを視覚的に評価してみてはとのことで、シール貼りを試してみることにしました。幼稚だと言うかなと心配していましたが、意外にもすんなり受け入れ、他児に見られないようにしようかという提案にも、みんなの見えるところでいいと、自分で廊下にカレンダーを貼り出しました。そこに職員のコメントも書き込むようにしました。すると学校から帰って、まず確認。そして、一日に何度もカレンダーを見るなどの様子が見受けられました。

自立援助ホーム：おおむね15～20歳までの子どもが、常勤スタッフと生活を共にしながらおとなとの信頼関係を結び、社会で生き抜く力を身につけ、経済的にも精神的にも自立できるよう援助することを目的とした施設。児童福祉法第６条の３、児童福祉法第33条の６「児童自立生活援助事業」として第2種社会福祉事業に位置づけられている。

作業療法士の関わり

「自分の体調に気づき始める」

2回目のコンサルで、自分の体調をモニターできるような声かけもいいのではないかと提案しました。さらに1か月後の3回目のコンサルでは、美佳さんが自分の体調に気がつき始めている状況が話されました。

支援スタッフ

ホーム全体へも好影響、無事に高校卒業！

カレンダーへのシール貼りを続けて約2か月半、スタッフの一言コメントも効果的で、美佳さんがカレンダーを眺めては高校に通うことができるようになりました。高校に連続して通うようになると、自然とバイトの量を調整することも見られるようになってきました。

他の子たちからも「仕事に行ったらシールとコメントがほしい」とリクエストがあり、廊下にそれぞれの子どものカレンダーが並ぶようになりました。そして、次第にホームに落ち着きが取り戻せてきました。

こうした取り組みの結果、シール貼り以後、美佳さんは病気以外の欠席はなく、今年3月に無事卒業できることになりました。

作業療法士の関わり

「職員への援助、助言の間接的支援」

今回は職員への相談・助言を通して、美佳さんに作業参加を促進しようと試みました。このような間接支援の場面は、地域共生社会の中で今後、増加してくると思われ、技術を高めていく必要があると考えます。

今回、シール貼りという外的な強化刺激によって習慣が確立されました。今後は自らの行動によって動機づけられるように変わっていくといいと思います。

（岡山県／岡嶋安起×東京都／牧 利恵）

ゆっくりコンサルできない時もある

意外によくあるピックアップコンサル

「先生、今日は各クラスを20分ずつ回って、気になる子どもをピックアップしてください」

保育園や幼稚園、小学校、学童保育などのコンサルテーション、時々こんなオーダーを受けることがある。その日に対象となる子どもが急なお休みになってしまい、せっかく来てくれた作業療法士をどうにかしたい時だ。そういう時は、「はい、わかりました！」と元気な返事をするが、心の中では「うーん、どうしよ」と思ってしまう。でも、やります。プロなので。

こんな時は、まず集団で遊んでいる子どものことは見ない。というか見られません。人数が多いから。逆に、集団の外で遊んでいる子どもに注目する。姿勢、遊び方、遊びの内容。周りの子どもや大人を気にして遊んでいるか、他の子どもや遊びが気になっているか。何か、一つでもその子どもで気になることがあれば、同じような行動様式を短い時間で探していく。それは、ASDやADHD等の発達障害の発達特性が背景にあるのか、身体機能からきているのか、感覚刺激に対しての反応なのか。他の子どもも観察しながら、その子どもが同じような行動を行えば仮説検証OK。急いで、その後のカンファレンスでの質問内容を考える。質問は必ず2つ以上用意する。今の仮説を裏付けるための質問と、別の仮説を否定する質問。それを20分間で4回1人5分くらい行って、次のクラスへ。

質問力が鍵

1時間の観察で、12人くらい気になる子どもをピックアップして、カンファレンスへ。この時間も限られているので、ピックアップした子どもの中で先生に選んでもらい、その行動背景の説明と支援内容の検討という場合と、私が12人の行動とその原因と背景の説明と支援方法を伝える場合がある。

こんな場合にもっとも必要なのは「質問する力」。1人5分程度の観察では当然わかることは少ない。自分の仮説検証を裏付ける情報が得られる質問をしていく、「今日の○君は××していましたが、いつもしていますか？」「一番好きな遊びや毎日している遊びはありますか？」「今日は外遊び中に救急車が通った時、○君は耳を塞いでいましたが、いつもそうですか？」等。

質問をしながら頭の中やノートに子どもの行動の背景を整理し、支援方法を考える。継続したコンサルにつなげるため、できるだけわかりやすく、丁寧に、すぐできる遊びや環境調整を提案し、最後に「3か月後にまた見せてください。多分、子どもは変わっていると思いますので。また、その時の内容についてお話ししましょう」と話して終了。

コンサルは多様だ。どれがよいというわけではなく、その園や学校、学童保育の子どもたちが楽しく遊び生活して、先生が子どもの行動の意味を理解し、子どもが子どもらしく育つ保育・教育ができるような支援が大切なのだ。

（東京都／八重樫貴之）

COLUMN

保護者とともに

「ひとり遊び」から「友だちとの関わり」を

こうすけ君は、他児とのコミュニケーションが苦手で一人遊びが大好きです。遊びによっては、他の児童と一緒に遊ぶ瞬間もありますが、すぐに一人遊びに移行してしまいます。特に好んでいたのは、段ボールで仕切った空間でまどろむこと、積み木やブロックで自らの世界観の中で遊ぶことでした。

施設はアパートの一室。外遊びには公園まで徒歩約10分、並んで向かいます。基本的には「全員で出かける」ので、こうすけ君も一緒に行きます。外は好きで、並ぶのは積極的。しかし、公園に着くと、集団では遊ばず、鳩を追いかけたり、ブランコに乗り、大人に押してもらったりします。入所当初は自由に公園内を歩き回るため、大人が２人付かないと対応できませんでしたが、夏休み後は、歩き回らずに、一人で地面に山をつくったり、絵を描いたりしていました。

「集団の中に一瞬でも入って仲間と遊べたら」という思いで、公園では集団遊びをしてから好きに遊ぼうという流れをつくったこともありました。他の支援員たちも、同じことが気になっていたようで、協力的に加わってくれました。

はたと気づいた「子どもの思い」

保護者から「一人で遊ぶのが好き」と聞いていましたが、学童でもそれが本当によいことなのか？からの試行錯誤。大きな疑問がのしかかっていた時に「OT連携」と出会いました。

衝撃的だったのは「一人で遊べるなんてすごいですね」とのOTの発言。「学童保育で彼が一人でいること」は「正しい育成支援」なのかと常に自問自答し、「たくさんのお友だちと遊んでほしい」との考えでしたから。必死で集団遊びを取り入れ、誘いかけているのが、「余計なこと」をしているのではないかと見つめ直すこととなりました。支援員の一方的な考えで、子どもたちの生活が望んでいない方向に進んでいくのを修正するきっかけにもなりました。

この発想の転換により、保護者とはともにこうすけ君のことを考えることのできる「子育て仲間」という結束感が増しました。二回目のコンサルには保護者も同席して、学童での生活とOTの視点を共有しました。家族でOT連携の交流会にも参加して、「わが子のとらえ方がすっかり変わった」とも言ってくれました。

私は別のクラブに移ることとなりましたが、こうすけ君と保護者に、そして、OTのみなさんには感謝でいっぱいです。こうすけ君が初めてクラブに来た日のことを今でも鮮明に覚えています。特性のある子どもの受け入れに自信がなく、でも「来る者拒まず」の精神は貫きたいと思い、必死になって考え、たくさん話し合ってきたことが、今の自分をつくっています。OTに出会ったことでさらに学び、かかわり方が広がりました。

（神奈川県／佐藤敏文×増子拓真）

Chapter 3

友だちとの関係の中で

子ども同士の対人関係や集団活動に焦点を当てた事例

キーワード　タイムアウト、クールダウン

友だちと上手に遊んで
── 思い通りにいかないとトラブル

興味あるものが目につくと触らずにはいられないショウ君は、友だちと一緒に遊ぶのが大好きです。しかし、思い通りにいかないことがあると、トラブルになることも多いようです。好きなサッカーやテレビ番組、紙芝居では仲良く遊ぶことができています。友だちともっと一緒に楽しめる時間を増やしてほしいです。

学童保育指導員

興味あるものを見つけると衝動的に行動してしまう

学童保育に着き宿題が終わると、玄関から体育館までのスノコが敷かれた通路で突然、友だち数人で鬼ごっこが始まりました。ショウ君は自分に都合のよいようにルールを変えてしまったり、足の遅い友だちには鬼を替わってあげたりしていました。指導員がおやつの声かけに行くと一目散にクラブの中に走っていきました。

作業療法士の関わり

「事前にルールを伝えてください」

多くの刺激に対して敏感に反応しやすいため、遊び始めると周りが見えにくいようです。そのため、事前に確認したこと以外は、声かけだけでは行動に移すのに時間がかかってしまうようです。また、事前に伝える時には、書いて見せることや耳元でささやくことで伝わりやすくなります。そして、できた時にはすかさずほめることが重要です。ほめる循環を築くことが重要です。

学童保育指導員

サッカーの動きがぎこちない

ボールを走りながら蹴るといった、姿勢を保ちながら何か動作を行うことが苦手です。いったん止まってから次の行動をするため、ワンテンポ遅れてしまうことがあり、集団から離れてしまう様子が見られました。

作業療法士の関わり

「静かに遊んでみましょう」

体幹機能が弱く、努力して姿勢保持するため、力が入り過ぎてぎこちない動きになっている可能性があります。身体の見えない部分の力加減を身につけるために、クッションの島渡りや忍者歩きといった、足音をさせない遊びを取り入れるのも有効です。

学童保育指導員

決まりを守れない

興味あるものに集中している時に、約束していたことが守れない時があります。

作業療法士の関わり

「タイムアウトのルールを決めましょう」

興味に過集中している可能性がある時には、約束を思い出すことができず、結果としてルールを破ってしまうことがあります。その時に関わる先生によって対応が違うとお子さんも混乱してしまいます。そのため事前に約束を破った時には別室でひとりで過ごし、決まった時間がたったらもどるといった、細かなルールを定めておくことが有効です。見える形にし、本人に確認してもらいながら進めることで、クールダウンスキルの習得にもつながります。

学童保育指導員

困りやすい時の配慮を一緒に考える

「過集中」に対応するため、興味ある活動の前にルールの確認をする必要性を指導員で共有しました。確認するルールについては、これから話し合っていくところです。

ルールを守れなかった時の対応については、児童クラブだけではなく、学校の先生や保護者とも情報共有し、本人が困りやすい場面での配慮を一緒に考えていく機会を設けることになりました。

（大分県／永松謙一・津田憲吾）

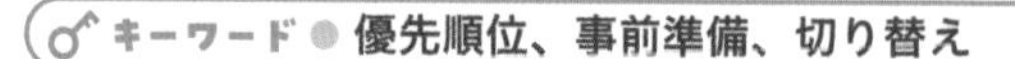

キャンプに行きたい
── みんなでルールを守り楽しく

ゆうた君は、楽しいことがあるとそれに集中してしまい、なかなか切り替えて次の行動に移ることができません。友だちも巻き込んで楽しんでしまうので、周りの友だちも疲れてしまいます。今度のキャンプでみんなとルールを守って楽しく過ごす方法が知りたいです。

学童保育指導員

楽しいことがあるとなかなか切り替えができないゆうた君

昨年のキャンプでは、消灯時間になってもなかなか寝つけず、他の友だちも巻き込んで朝方までずっとテントで話をしたり遊んだりしていました。今年もキャンプがあるのですが、他の子が同じ班になるのを嫌がっています。どうやったらみんなで楽しく過ごすことができるでしょうか？

作業療法士の関わり

「守ってほしいこと、事前に伝えること、うまくいかないとき」

❶「絶対に守ってほしいこと」など優先順位をつける

楽しい思い出づくりと安全の配慮を両立させることはとても大変だと思います。約束事がたくさんあると、何が大切で守らないといけないか非常に混乱しやすいです。まずは指導員たちで、「絶対に守ってほしいこと」を数個絞り、伝えていくと受け入れやすいと思います。

❷ 事前に伝えておくこと（個人と全体）

その場で急に指摘されると受け入れが難しいという特性があると思います。数日前の落ち着いている時に先に話をしておくことで、共通の理解として納得しやすいと思います。

また、ゆうた君に向けての約束事ではありますが、他の子全体にも伝え、「ゆうた君だけではなくみんなの約束事」という形にするとより受け入れやすいと思います。

❸ うまくいかないときに「してほしいこと」「してほしくないこと」を決める

その場でうまく切り替えられない、どうしても気になることがあった時に、どういうふうに声をかけられると落ち着いて聞けるか事前に確認しておきます（例えば、ゆうた君の近くにいる、「どう？　大丈夫？」など、声かけの合言葉を決める）などです。「ダメ」という強い言葉以外での方法を決めておくとよいと思います。

学童保育指導員

事前準備と当日の様子

助言を受け、ゆうた君が落ち着いている時、昨年の振り返りをしながら、ゆっくりと指導員たちの気持ちを伝え、「絶対に守ってほしいこと」を約束してもらいました。また、指導員が声をかけるタイミングやかけ方も、「こういうふうに声をかけるね」と確認しました。

その後、ゆうた君だけではなく、他の子全体へも「絶対に守ってほしいこと」を伝え、事前準備はできたと思います。

当日は、ゆうた君が率先して時間を見ながら他の子に声をかけてくれ、消灯時間もそれほど遅くならずに守ることができ、楽しい思い出になったと思います。

学童保育指導員

できたことが自信につながり、ゆうた君の世界が広がる

ゆうた君もできたことが自信につながり成長しています。学童保育で気になることがあっても混乱したり、かんしゃくを起こしたりせず、対応方法を相談する機会が増えてきています。

学校の授業では「歴史がとても好き」という強みも見つかり、学校と学童、自宅での過ごし方がとても上手になりました。

（山形県／梅津憲栄）

キャンプは感覚の宝庫

キャンプやバーベキューなどのアウトドア活動は、多くの感覚刺激にあふれています。キャンプ場で焚き火の炎の揺めきを見ながら小川のせせらぎを聞く。テントを張るためにハンマーでペグを叩き、火を起こすために火吹き棒に思い切り息を送る。川遊びで川の冷たさや焚き火の暖かさ。木々の緑と大空の青さ、夜の暗さと月夜の明るさ。みんなで作ったカレーの匂い。街で生活していると感じることができないさまざまな感覚を感じることは、子どもにどのような成長・発達を促しているか。野から帰ってきた時が楽しみですね。

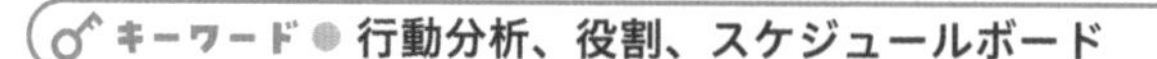

友だちと遊びたい
── ことばで気持ちを伝えるのが難しい

小学校２年生のこうへい君。学童にくると、ルールを守らなかったり、暴言をはいたりしてしまいます。本当は友だちと仲良く遊びたいと思っているのに、ことばで気持ちを伝えることが難しいです。

職員に対しては、反応を見て態度を変えたり、試し行動をとることもあります。何か注意をされると物を投げたり、たたいたり八つ当たりしてきます。個別対応を職員で交代でしていますが、職員もこうへい君の気持ちがつかめず、行動の予測が難しいと感じています。

こうへい君が困っていそうなこと：「待つ」ことが苦痛で、次に何をするかわからないので、「終わり」にできません。ルールやマナーはわかっていても、したいことをガマンできません。

職員が困っていること：職員にも物を投げたり、たたいたり八つ当たりされます。注意するとさらに加速して、行動の予測が難しいです。

学童保育指導員

・どのように関わったらいいのか対応のポイントが知りたいです。
・個別対応を行っているが、交代制でよいか、特定の職員で対応したほうがよいのでしょうか（現在は交代制で、全職員がこうへい君を担当するようにしています）。

作業療法士の関わり

❶ 行動を３つの視点に分けてみましょう

A）好ましい行動：宿題をやり始める、片付け始めるなどやり始めた時にほめましょう。またこっそり「さっきはかっこよかったよ」などさりげなくほめてあげましょう。みんなの前でほめると照れや大袈裟に感じて逆効果になるかもしれません。みんなのこともあるので、そっとさりげなくから実施してみましょう。

B）好ましくない行動：危険を伴わない程度の行動については、あまり指示を出しすぎないで静観してみましょう。注意されることに過敏に反応することがあるので逐一、注意をしすぎないようにしてみてください。

C）危険な行動：「○○してはだめ」ではなく、「○○してね」とすべき行動を伝えましょう。「登っちゃダメ」ではなく「降りてね」などとテンポをゆっくりと伝えるようにしましょう。

❷ **担当職員を限定してみましょう**

学童の職員の中で、「僕のことをわかってくれる人」をつくってみましょう。担当になる日が空きすぎると、行動の予測やこうへい君の気持ちのくみ取りがつかめないことがあります。まずは大人との間で信頼関係を築くことを優先してみてください。

❸ **見通しが立てられるように、スケジュールの提示をしてみましょう**

外に行っていい時間、ドッジボールなどが始まる時間など。

❹ **何かこうへい君がリードする役割をもてるチャンスを**

「あの子は……」という存在になっているため、普段の生活の中で役割を見出せなかったり、認められる経験が少ないので、お手伝いのように、頼られる機会をつくってみましょう。機会を提供できる環境をつくってあげるといいと思います。

学童保育指導員

職員の取り組みとこうへい君の変化

❶ こうへい君の好ましくない行動には反応しないようにして、危険がないかだけを見守ることにしました。

❷ 全職員ではなく、３名程度の職員で個別対応することとしました。

→ 子どもの反応が少し予測できるようになってきて、イライラするタイミングなどがわかってきました。正直、担当になることが怖いと感じた時もありましたが、今はかわいいと感じています。ドッジボールの時など最初に並ぶなどはできていませんが、始まると自分のチームや役割を理解して混ざることができています。

❸ スケジュールボードで予定を提示しました。「〇時から〇時まで」「どこで（場所）」「何がある」を提示するようにしました。

→ 時々、ボードを確認しにきたりする姿が見られたり、好きな活動が始まることを楽しみに待てるようになってきました。

❹ クイズが得意なので、クイズを出す役割を担ってもらうことにしました。

→ クイズ係を楽しんでいます。（帰りの会）
帰りの会の際に一人で先に帰ろうとばかりしていましたが、クイズ係を任されたことで落ち着いて帰りの会に参加するようになりました。

（宮城県／小野治子）

楽しくおしゃべりしてほしい
── 学校、学童保育ではしゃべらない……場面緘黙（かんもく）

場面緘黙の小学1年生のはなちゃんは、自宅ではしゃべるのに、なんで小学校や学童保育でしゃべらないの？

学童保育指導員

内容は理解しているのに話さない

お母さんに聞くと、一緒に学童保育に通ってきているお兄ちゃんとは、自宅では普通におしゃべりをしているようです。でも、学童保育ではお兄ちゃんともほとんどお話はしません。これって、なんでなんでしょう。遊びの内容など見ていると、友だちや先生が話している内容は理解しているようなんですが……。

作業療法士の関わり

「場面緘黙は特定の場所でお話ができないこと」

場面緘黙とは、聴力その他に問題はなく、他の状況では話すことができるにもかかわらず、ある特定の状況（例えば学校や学童保育のように、話すことが求められる状況）では、一貫して話すことができない症状のことです。ですので、自宅ではお兄さんと普通に話すことはできるのですが、学童保育に来るとお兄さんでも話せなくなってしまうのです。

また、耳の聞こえや話の内容を理解するというような認知機能に問題はありませんので、話の内容は理解してはいるのですが、学童保育内では話すことができないのです。

学童保育指導員

学童保育でお話をしないので、おとなしい６年生の女の子にお世話係のような感じで一緒に遊んでもらっているのですが、これでいいのでしょうか。

作業療法士の関わり

「身体をしっかり使って盛り上がる遊びを」

良かれと思っておとなしい子どもと一緒に遊んでいると、はなちゃんは安心して遊べるとは思いますが、お互いおとなしいので、そこから会話は生まれにくいですよね。

場面緘黙のお子さんへのアプローチ方法はいろいろありますが、学童保育で行えるようなアプローチとしては、他の子どもたちと一緒に普通に身体を使って遊ぶことです。例えばジェットコースターに乗ると私たちも「キャー！！！！」と声がでますよね。

これは、身体にしっかりとした感覚、ここではジェットコースターによる加速の感覚が入ることで、情動が発露して声がでるんですよね。それと同じように、はなちゃんを「鬼ごっこ」や「おしくらまんじゅう」など、大きく動いたり、ギューギュー子どもたちとくっつき合うような身体をしっかり使って、情動が発露するような盛り上がる遊びをしていくと、それに伴って声がでてくると思います。

そして、その際に大切なことは、はなちゃんが声をだしたり話したりしても「あー、はなちゃんがお話しした!!」みたいな注目をしないことです。話すのが普通のように「楽しいね」「そうなんだ」くらいの、他児に指導員が話すのと同じように話していくことで、学童保育で話すことは特別ではない、普通なことなんだと思ってもらうような支援をしていくとよいと思います。

学童保育指導員

普通に会話ができるように

作業療法士が行ったアドバイスのように、指導員が屋外で「おしくらまんじゅう」などの遊びを多く設定したことで、その児童は指導員や他の子どもたちと一緒に身体を触れ合って遊ぶ経験を多く積みました。すると、児童は声をだして遊ぶことが多くなり、３か月後には子どもたち同士で普通に会話ができるようになりました。

（神奈川県／木村美登里×東京都／八重樫貴之）

COLUMN

「学童×作業療法士コンサル」をオンラインで

コロナ禍でも学びを止めない！ 現場にいけないなら、オンラインでもできる方法があるのでは？　知恵を出し合おう！

全国で広がってきた「学童×作業療法士コンサル」。しかし、コロナ感染拡大防止措置による自粛により、2020年度開催される予定だった勉強会や研修会は、ほぼ中止となりました。そんな中、「学びを止めない！」と同じ志をもつ有志たちで、オンライン（zoom）を利用して、全国の学童の状況等を情報交換したり、勉強会や講習会を続けてきました。

そこで、「作業療法士によるコンサル」をオンラインでやってみよう！ということに。

コンサル対象児童の特徴や学童での様子を事前に情報共有し、動画を撮って、作業療法士へMessengerを利用してみてもらいました。その後、ZOOMを利用して、カンファレンスを行い、さらに、全国の支援員、作業療法士にも見ていただき、今後の展開を意見交換する場を設けました。

学童保育で困りごとを抱える子どもが「遊びを軸とした生活」がしやすいように、また、自分らしくいられるようにと、たくさんの遊びのアイデアをもらいました。このようなやり取りを3か月に1回、計3回行いました。

そのまま、事例検討にも広がる

5月からスタートしていた毎週火曜日の夜の多業種交流会OTにIT（OTに会いてぇ）で、この3回のオンラインコンサルの様子を報告する機会を得ました。担当のOTと二人の掛け合いの事例報告に全国からの参加者も加わって、さらにたくさんの視点を得ることができました。コンサル対象児童の成長を全国のみんなで見守って、応援してもらった感じです。この子の半年間の成長は本当に目覚ましく、参加者からは驚嘆の声が上がるほどでした。子どもの成長って本当にすごいです。

現場でのコンサルの良さはまた別にあると思いますがコロナ禍の中で取り組んだ「オンラインによるコンサル」。一つの方法として十分な結果が生み出せたと思います。動画撮影や共有を快諾してくれた保護者に感謝です。

「学童保育×作業療法士コンサル」……

学童保育の支援員は「遊びを軸とした生活を支援する専門家」

作業療法士は「その人が、その人らしく生活できるように生活支援をする専門家」

その融合により、子どもたちがより、その子らしく生活できるように、その支援者側の支援をしてくれます。子どもの行動のとらえ方の視点を変える手助けをしてくれたり、子どもの生活がしやすいような導線づくりをしてくれたりします。

専門家と専門家の融合は、子どもたちの未来を大きく変化させてくれます。

（佐賀県／田中雅美×東京都／八重樫貴之）

Chapter 4

支援者との関わり

支援員同士の連携について
アプローチした事例

課題がいっぱい、どこから関わる？
── 指導員チームの悩みに寄り添う

ぐんま君。１年男子。落ち着きがなく、暴力的、トラブルが多く、関わり方に悩んでいます。

学童保育指導員

とにかく問題点しか見えない

ぐんま君は指導員の話も聞いていないし、個別に注意しても聞かない。落ち着きがなく座っていられない。言葉づかいが悪く、殴ったり蹴ったりと手が出てしまう。特定の子どもとのトラブルが多い。

家庭では、夜に徘徊し、夜驚症があり、保護者も悩んでいるようです。学童保育でも関わりに困っています。

作業療法士の関わり

「背景を考えて、意識的にほめる場面をつくる」

一番困っているのはぐんま君かもしれませんね。どうしたらいいかわからない、注意されて、さらにパニック状態になっているのかも。行動となって現れる背景を考えてみるとヒントが見えるかもしれません。

学校でも、家庭でも、そして、学童保育でも、注意されたり、叱られてばかりいるのかもしれませんね。ぐんま君がほめられて、認められる場面を意識的につくってみてはどうでしょうか？　ぐんま君ができて、みんなにもはっきりわかる学童保育でのお手伝いはありませんか？

学童保育指導員

いいところをほめて認める

「１年生のぐんま君にできて、みんなにもわかりやすい」ということで、おやつの手伝いをしてもらうことにしました。クラブでは宿題を済ませた人から、おやつを食べます。他の子どもは宿題をやっている間にぐんま君に声をかけ、指導員と一緒にお皿を並べて、個包装のお菓子を一つずつ入れていきました。

マンツーマンで関わることもでき、ぐんま君に「ありがとう。助かった」と声をかけることができ、ぐんま君も満足そうな顔をしていました。

作業療法士の関わり

「ほめること、認めることでの信頼関係づくり」

指導員たちの日々の積み重ねがぐんま君の満足そうな表情となって現れているのですね。ほめられる、認められるという体験は、信頼関係を築くうえでとても大切なことです。

できたことを一つひとつ確認し、認める。これを繰り返していくことで、自信がつき、他者との関わり方も変わるでしょう。信頼関係が築けている場所は、ぐんま君にとって安心していられる場となっていきます。

学童保育指導員

よく見ると、工夫して関わりたくなる

「落ち着きがない」という姿を観察してみると、「じっとしていることが苦手なのかも」と思えるようになりました。じっとする場面の多い「だるまさんが転んだ」を遊びに取り入れました。さらに、慣れてきたら、「だるまさんが転んだ」を座って行うという工夫をしてみました。

座り姿勢でじっとするという生活場面で必要なことが、遊びの中で身についていったように思います。STEP 2の「いいところをほめて認める」を常に意識して支援していくよう心がけました。学童保育での生活は少しずつ落ち着いてきたように思います。

作業療法士の関わり

「指導員のアイデアが素敵」

実は、動いているよりも「じっとしている」ほうがたいへんで、日本の学校ではそれが求められる場面が非常に多く、多くの子どもが苦労しているのが現実です。

遊びを通した身体づくりのアイデアが素敵ですね。「ほめて認める」支援の継続で、ぐんま君と指導員や友だちとの信頼関係もでき始めたようで、これから楽しみですね。

（群馬県／丸茂ひろみ×福田弘子）

補助員の関わり方
── OTが関わり方をやって見せた幼稚園

幼稚園での初日コンサルテーションの後、作業療法士が直接介入して、関わり方の見本を見せたケース。

幼稚園教諭

どうして友だちと一緒に遊ばないの？

幼稚園年長のたくや君は、自由遊びや集団活動に参加せず、いつも一人で、絵本コーナーで絵本を見ています。無理に遊びに誘ったりすると暴れてしまうので、補助の先生が一人いつもたくや君について見守りをしています。

運動会や小学校の見学会なども、自分の意図と異なったことをしなければならないので、参加できません。

幼稚園としては、友だちと一緒に遊んだり、制作活動などを行ってもらいたい……知的には問題はないのだけど、このまま小学校に送り出すのがとても心配です。

作業療法士の関わり

「楽しさやうれしさの気持ちの共有が難しい」

診断名はないようですが、たくや君は自閉スペクトラム症（ASD）の発達特性の一つである、対人社会性コミュニケーションの障害が強く出ているようです。これは、他児と関わるのではなく一人でいたがったり、楽しさやうれしさなどの気持ち（情動）を他児と共有することが難しかったりするということです。

また、もう一つの自閉スペクトラム症の発達特性である常同行動（こだわり）が強く、興味のある絵本を読むことにこだわっていて、他児と一緒に遊んだり、何かをつくる制作活動に興味をもてていないのだと思います。

幼稚園教諭

なんとか、友だちと一緒に遊んでほしいのだけど

先生：発達特性から、友だちと一緒に遊ぶことより、絵本コーナーで一人で絵本を見ていることが好きなのはわかりました。でも、幼稚園としては、せっかく幼稚園に登園しているのだから友だちと一緒に遊んでほしいし、行事にも参加してほし

い。また、今は補助の先生をたくや君につけているが、他にも大変な子どもが多くいるのでたくや君のみを担当するのではなく、クラス全体の中でたくや君を担任の先生と補助の先生の二人体制で保育できるようにしていきたいのだけど……。

ＯＴ：発達特性が強い子どもでも、決して発達しないというわけではないんです。今からでもいいので一人で絵本を見て楽しむのではなく、人と一緒に何かすることが楽しいと教えていきましょう。

先生：それはわかりましたが、どうやればいいのかわかりません。自分の意図と反した指示をすると暴れるので、今は補助の先生に見守りだけお願いしているのですが。

ＯＴ：それでは、私が次回のコンサルの時に一緒に保育に入ってたくや君を担当しますので、その様子を見ていてください。

幼稚園教諭

直接支援で関わり方の見本を見せる

たくや君はいつものように絵本コーナーで恐竜の図鑑を読んでいます。作業療法士がたくや君の横に行き「こんにちは」と声をかけるが無視をして図鑑を読み続けます。作業療法士は「この恐竜はなんていう名前なの？」と質問すると、「？」というびっくりした表情でたくや君は作業療法士の方を見ました。「プレシオザウルスだよ。首が長くて海にいるんだ」と答えます。作業療法士はそれを「ふんふん、たくや君よく知ってるね。次はこの恐竜はなんていう名前なの？」と次々と質問していきます。たくや君は、「これは、アウカサウルス。肉食なんだ」「これは、ブラキオサウルス。すっごく大きいんだよ」と恐竜の名前とそれに付随する知識を楽しそうに話しています。

集団活動の工作の時間が近くなっていくと「あと少ししたら工作の時間なんだけど、今日は先生と一緒に工作しない？」と作業療法士が誘うと、「いいよ」と答えて絵本を本棚に戻して教室に向かいます。担任の先生が工作の内容を説明している時に、作業療法士はたくや君に「まずは、紙を半分に折るんだって」「次にハサミで切る。切ったものに糊を塗る」「最後に、貼るんだって」と一つひとつの工程を短く簡潔に説明しました。実際に工作を行う際には、横について一つひとつの動作に手を添えて、一緒にハサミで紙を切り、糊を塗って貼り付けました。

工作が終わると、みんなで外に出て鬼ごっこを行うことになりました。作業療法士はたくや君と手をつないで一緒に園庭に出ました。その際、「今日は一緒に鬼ごっこやろうね」と声かけをしていました。鬼ごっこが始まると、たくや君と手をつないだまま一緒に走って逃げます。その際にたくや君は少し作業療法士に引っ張られて思いっきり走ります。作業療法士はわざと「わー、逃げろ～」とたくや君に声をかけながら一緒に逃げます。たくや君は笑いながら楽しそうに鬼ごっこに参加しています。たくや君は初めて他児と一緒の鬼ごっこに参加しました。

作業療法士の関わり

「一緒に遊び、楽しさを共有する体験を積む」

補助の先生がついていましたが、見守りだけで一緒に遊ぶ関わり方でなかったので、OTがたくや君と一緒に楽しさや情動を共有するというような関わり方をしてみました。

ポイントとしては、たくや君の好きなことや興味のあることを質問していき、そこから会話を広げていくと話しやすいと思います。また、全体保育の時も、担任の先生を注目しながら話を聞くことは難しいと思うので、補助の先生が後ろで見ているよりは、個別について一つひとつ簡潔に、時にはこれから使う実物を示して、見本を見せながら説明してくとよいと思います。そして、最後に鬼ごっこを一緒に行ったように、どうすれば情動を共有できるか、たとえ捕まって鬼になったとしても、それで終わりではなく、次に先生と一緒に他児を捕まえようとがんばれるような体験を続けていくことで、特性をもちながらも集団活動の経験を積んでいくと思います。

こだわりが強く意図と異なる指示をすると暴れるので、先生はよかれと思って見守りの対応をしていましたが、そうするとなかなか他児や先生と一緒に行動する経験を積むことができません。少し勇気をもって、彼の世界に入り込むこと。一緒の遊びに誘ってみること、楽しさや情動を共有する体験を積むことで、「人と遊ぶのも悪くないな」と思ってもらうことが大切だと思います。

幼稚園教諭

正直、鬼ごっこを他児と一緒に行えると思ってもみませんでした。確かに先生の言う通り、何かあったらダメだと思って補助の先生をつけていたのですが、見守りだけお願いして一緒に遊ぶようなことはなかったと思います。今日の作業療法士のたくや君への対応を参考にして、関わり方を変えていきたいと思います。

（東京都／八重樫貴之）

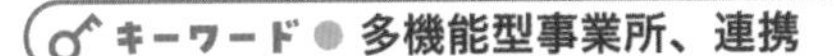

職員間の知識に差、連携したい
── 新規事業を始めた多機能型事業所

地域のニーズに合わせ、生活介護事業に加え児童発達支援事業、放課後等デイサービス事業を一体的に行うことになりました。

一体的に行うにあたって、各事業の実施時間の違いなどから、職員間の連携がうまく図れておらず、新規事業の児童に対してうまく関われていないと感じています。でも、どうしようもないのかな～とも思っています。

児童指導員・保育士

新規事業をどのようにして展開し、連携していく？

新規事業が始まり、その日に担当となった職員が手探りで関わりを行っています。「児童への関わりはうまくできているのか？」「他の職員はどんな関わりをしていて自分の関わりはどうなのか？」など悩むことがあります。

作業療法士の関わり

「新規事業の主担当グループをつくりみんなに発信」

福祉サービスにおいては、個別支援計画の目標が達成されるよう、チーム一丸となって関わることが求められます。そのためにも、始まったばかりの事業内容（児童発達支援、放課後等デイサービス事業）に関して、どのように行っていくかなど話し合うグループをつくるとよいと思います。そのうえで、どのようにして連携していくのかを話し合っていきましょう。

児童指導員・保育士

新規事業の主担当グループをどう活用していく？

新規事業を主に担当するグループをつくって話し合いを行っています。話し合いは業務の都合もあり月１回。話し合いの場では日々の悩みや他のスタッフの取り組みを知ることができますが、細かな日々の支援の連携まで図れているか不安です。もっと密に連携をとり、児童の発達が促せるような関わりを職員みんなで協力してやっていきたいのですが難しいです。

作業療法士の関わり

「職員が負担なく行える日々の申し送り方法を探す」

日課なども定着していない現状では、月１回の話し合いで日々支援の連携を行うことが難しいところも多いと思います。「日々の業務で時間をつくれないか？」「毎日パソコンに記録しているデータなどを連携方法として使用できないか？」「その他、日々の様子や遊びを紙媒体で簡単に連携できないか？」等、職員が負担なく行える連携方法を考え実行していきましょう。

児童指導員・保育士

職員が無理なく行える方法として、紙媒体で丸を付けコメントを行う形態をとりました。みんなで考え実行できたことで、支援の幅が広がり負担なく日々の申し送りを継続できています。この申し送りにより、他の職員の関わりを確認し、支援に生かすことができています。

他の職員の支援が見えることで、自分の関わりに自信をもち児童に関われています。日々の記録を通し、児童の育ちも目にできており、うれしく思っています。

作業療法士の関わり

「職員主導で考えるお手伝い」

今回の職員への相談・助言に関して注意したポイントは、「職員が無理なく行える方法を職員が考えるお手伝い」ということです。

こちらが連携方法を一方的に提示しても、行う職員が負担なくできなければよい支援に結びつきにくいと思います。職員自身が主となり、「問題に対し考え、解決方法を導き実践した」という気持ちがもてるように、作業療法士は間接的に助言・提案する関わりを行っています。

今後も日々支援を行う中で、さまざまな壁に突き当たる場面があると思いますが、あきらめず、職員が無理なく行える方法をみんなで考え、取り組んでいくとよいと思います。

（和歌山県福祉事業団／齋藤みのり）

ざわざわしたクラスをどうまとめる？
── 小学校通常学級の学級運営

通常学級５年生35名クラス。ランドセルはほとんどロッカー棚に収まっていません。机の周りにも本や体操着などが落ちたままの児童もいます。授業も休み時間の差もわからないくらい、ざわざわしています…。給食の時間には、空中をパンが飛んでいたり…。授業はまともに進みません。どうにかクラスをまとめたいと思っているのですが、どうしたらよいものかと悩んでいます。

担任の願い

「このクラスを何とかしたい」

個別の配慮が必要な児童が多く、対応に多くの時間が必要、場にそぐわない発言（暴言）が多くあり授業が予定通り進まないことが多い、自分のわがまま、気ままを通そうとする雰囲気があり、たたかいの日々が続いています。

作業療法士は、まず最初に先生のニーズについてカナダ作業遂行測定*（Canadian Occupational Performance Measure：COPM）を用いて確認しました。①話を聞く力が伸びる、②お互いを認め合うことができる、③生活習慣が整う、④クラスのルールを守ることができるようになることが挙げられました。

作業療法士の関わり

「先生との作戦会議」

１週間に１回、算数の時間に授業参観と放課後の面談（作戦会議）を10回行うことにしました。クラス全体の特徴として、①周囲や外部の聴覚情報に注意がそれやすい子どもが多く、注意がそれやすい子が教室内に点在している。②全

＊カナダ作業遂行測定（Canadian Occupational Performance Measure:COPM）：面接を行い、対象者が「できるようになりたい」「挑戦したい」「することを期待されている」作業について、重要度、遂行度（どのくらいできていると思うか）、満足度（どのくらい満足しているか）を10段階で評定する。対象者の思いの変化をとらえることができ、介入の前後で数値の変化を比較することで、成果を確認するこができる。
今回の事例では、担任に対し、「クラス全体がどのようなクラスになってほしいか」ということで聞きとり、評価を実施した。

体的にざわついた環境で、先生の声が届きにくい。③授業に参加したい気持ちはあり、立ち歩きながらも耳を澄ませている場面もある。など、子どものさまざまな様子を共有しました。

毎回の訪問（作戦会議）では、CO-OP（コアップ）*を応用した取り組み…「目標と実態確認」「解釈」「作戦」「実行」「振り返り」のサイクルで行い、目標は優先順位をつけて取り組むことを共有しました。教室の後ろに貼ってある個別目標も、うまく子どもたちのモチベーションアップに生かせるのではないかと提案しました。

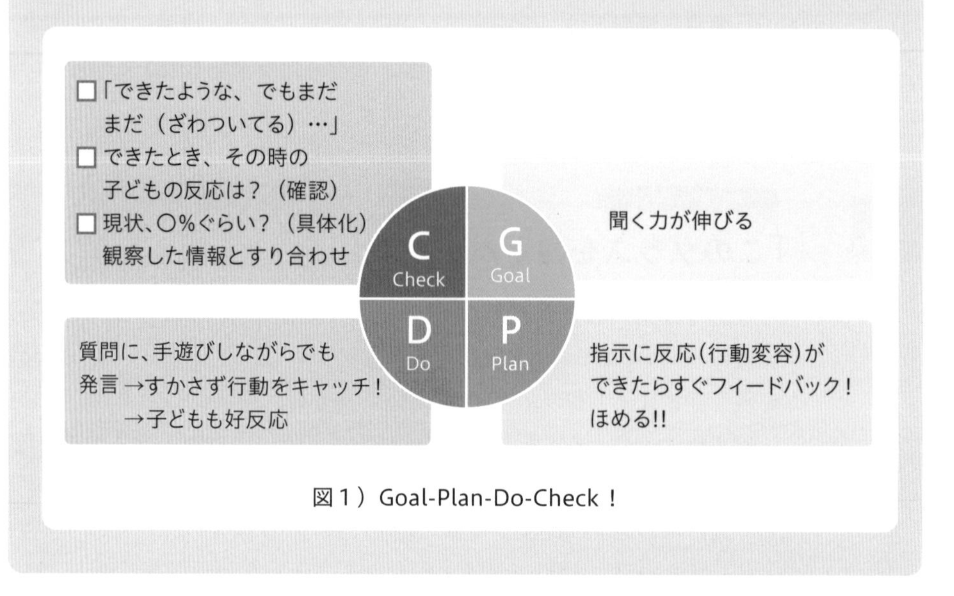

図1）Goal-Plan-Do-Check！

＊CO-OP（Cognitive Orientation to Occupational Performance）：発達性協調運動症（運動が苦手、不器用な子どもたち）を対象に開発されたアプローチの一つで、発達障害児や脳性麻痺児にも有効とされている。今回はその考え方と枠組みを応用した（なお、本邦初書籍『CO-OPストーリー（仮）』クリエイツかもがわ。2021年7月予定を参照）。

担任

「できることは何でもやってみよう」

これまで、たくさん気になる子どもにそのつど声かけをして、静かにさせようと思っていました。怒っては、次の子どもを怒っての繰り返しでした。ほっておいてもよいのか、そうするとどんどん悪ふざけをしますし、授業はただでさえ遅れています…。学期ごとの目標は確かにつくって貼ってはいますが、その振り返りまではできていませんでした。できることはやってみたいと思います。

「クラス全体の行動変容を促すために」

クラスのルールや、個別の支援は必要だと思います。ルールがたくさんありすぎると、子どもたちも守れなくて、怒られるということが増えてしまいますね。ルールも必ず守れるといいな！ということに絞りましょう。

10回の訪問の中で、焦点を絞りさまざまな作戦を先生と考えて挑戦してみました。

❶クラス全員で個別の目標シートを作成（図２）。学期ごとの目標に、目標を達成できるためにどんな工夫、作戦で取り組むかを子どもたち自身に考えてもらいましょう。

❷個々の目標が達成できたら、頑張りシールを貼って、班でポイントをためるなど、お互いのよいところをほめることができるチャンスを仕掛けてみましょう。

❸注意したことに対して、子どもがよい反応ができたときにはすぐにほめてフィードバックしましょう。

❹声掛けのタイミングや回数、声のトーンのバリエーションをつけ、注意を引きつけやすくする工夫をしてみましょう。

❺子どもたちの集中力が切れてきていると思われるサインはどんな姿でしょうか。揺れているな、キョロキョロし始めたな、という時にブレイクタイムを設けてみましょう！

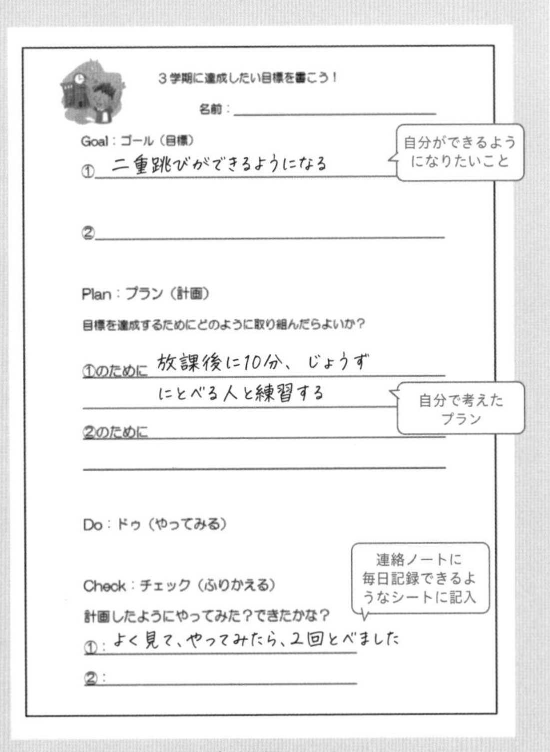
３学期に達成したい目標を書こう！

名前：

Goal：ゴール（目標）

①　二重跳びができるようになる

（自分ができるようになりたいこと）

②

Plan：プラン（計画）

目標を達成するためにどのように取り組んだらよいか？

①のために　放課後に10分、じょうずにとべる人と練習する

（自分で考えたプラン）

②のために

Do：ドゥ（やってみる）

（連絡ノートに毎日記録できるようなシートに記入）

Check：チェック（ふりかえる）

計画したようにやってみた？できたかな？

①：よく見て、やってみたら、２回とべました

②：

図２）目標シート

担　任

「一歩進んで半歩下がるの繰り返し」

日々の連絡ノートに個別の目標シートの「個々のできるようになりたいこと」の取り組みを貼って、お互いに経過がわかるようにしました。

本読みに取り組んでいる子もいれば、二重跳びができるようになった子もいます。なかなか難しい子もいますけど、できるかぎり週に１回はコメントをつけるようにしています。こんなことに挑戦しているんだ！とか、今まであまり話しができていなかった子にも少し目を向けられます。

５年生なんだからと思っていましたが、ワークシートも作って配布するようにしました。書き取りが難しい子どももいますので。ちょっと大変だけど続けてみます！

作業療法士の関わり

「ちょっとずつの変化を力に」

個々の目標にフィードバックがもらえることで、注目してほしい、認められたい気持ちが満たされ、先生が自分のことに関心を向けてくれていると感じて、子どもたちもうれしいのではないでしょうか。

先生も宿題のチェック、授業や行事準備でとても忙しいと思います。なんでもやってみようと思われる先生だからこそ、先生に無理がかからないように、可能なペースでできる方法を検討していきましょう。

担　任

「作業療法士の客観的意見で少し心に余裕が」

少しずつ静かに授業が開始できるようになり、クラス全体の雰囲気も徐々にやわらかな雰囲気に変わっていきました。たまったポイントのごほうびで子どもたちがやりたいゲームを行いました。

これまで、どうにかしたいと思っていたけど、こんなやり方でよいのだろうかと思うことも多くて。作業療法士に客観的に見てもらうことで、これでいいんだと思ったり、見逃していた子どもの姿にも気づけることができました。仲間がいる感覚で、少し心に余裕ができました。

「先生自身が手ごたえ、別の授業でも応用！」

継続して訪問できたこともポイントだったように思います。子どもたちの様子や変化をそのつど先生と共有し、確認することができました。先生から見た子どもの姿、捉え方と情報を照らし合わせ、先生とともにさまざまなアイディアを出し合いながらの日々でした。

先生にとってエネルギーが必要な時間でしたが、「この子たちは多少元気いっぱいすぎるけど、力がある子たちなんです。自分にできることがあるならなんでもやりたいんです！」という熱い思いはずっと変わりませんでした。

ちょっとよくなっては、うまくいかなかったりの繰り返しでしたが、先生自身が手ごたえを感じたことを別の授業で応用されていました。徐々に先生の表情が明るくなっていったことがとても印象的で、私自身も先生や子どもたちからたくさんの学びを得ることができました。

（広島県／佐藤葉子）

保育所等訪問支援

「放課後児童健全育成事業運営指針」の第３章「障害のある子どもへの対応」では、「放課後等デイサービス等と十分な連携を図り、協力できるような体制づくり」や、「保育所等訪問支援、障害児等療育支援事業、巡回支援専門員整備事業の活用等の考慮」が明記されています。

「保育所等訪問支援」は、児童福祉法第６条の２の２の第５項の規定に基づき、保育所等に通う障害のある児童について、作業療法士等の専門職がその施設等を訪問し、児童および保育所等のスタッフに対して、集団生活に適応するための専門的な支援や支援方法の伝達等を行うことです。「保育所等」となっていますが、保育園だけでなく幼稚園や小中学校、特別支援学校や放課後児童クラブ等のさまざまな施設に訪問することができます。保護者からの手続きによる個人への支援です。

「障害児等療育支援事業」、「巡回支援専門員整備事業」は、障害者総合支援法による団体への支援です。

障害のある学童期の子どもの放課後については、「日本作業療法士協会誌　第105号　2020 年 12 月」で「放課後等デイサービスと放課後支援諸制度の比較」として解説されています。

COLUMN

「まちの作業療法士」を目標に

作業療法コンサルに与えられたミッション

私の作業療法コンサルは、2013年に県内の公立保育所からスタートしました。きっかけは大学院の指導教授からの「保育士が保育に専念できるように手伝ってきてほしい」という依頼でした。その保育所には当時、脳性麻痺のお子さんが在籍していて、その子の遊ぶ時や食事の時の姿勢、動作の介助方法などの提案から始まりました。

訪問を重ねると、保育士からの相談は他の子の身体の使い方、ハサミや箸などの動作の修得方法、子どもたちの使う机や椅子の合わせ方、障がいのある子の運動会への参加方法等、多岐に渡っていきました。給食を食べながらの懇談では、私の固い提案を保育士が保育所で実現可能なゆたかな遊びに変換してくれ、次の訪問時には、さらにバージョンアップした形で保育の中に取り入れてくれていました。

保育所はもちろん病院のリハビリ室でも療育の場でもないので、保育士が保育に専念できること、その子が保育所の生活に専念できることを、毎回心がけていました。

その後、この保育所からのご縁で同市内の学童保育の方たちと出会うことができ、さらにさまざまなご縁で、愛知県内の学童保育所、放課後等デイサービス、特別支援学校等でのコンサルの機会をいただきました。それぞれの場所や立場での指導員たちからの相談には、子どもたちへの想いや、届けたい「ねがい」があります。「△△に困っている」は「○○になってほしい」であり、それらを「どう実現に向けてサポートできるか」が作業療法コンサルに与えられたミッションだと思います。

協働する存在でありたい

初めてのコンサルでは、作業療法士を迎える指導員たちから、第三者に「見られる」緊張感がひしひしと伝わってきます。そのような中でも作業療法士を学童保育の一員に迎え入れてくれたことに感謝とリスペクトです。コンサルで作業療法士は評価者でも、指導者でもなく一緒に指導員のねがいやかなえたい子どもの姿の実現に向けて協働する存在でありたいと思います。また、指導員の黒子として子どもたちの想いも実現していきたいと思います。

保育所づくりやまちづくりにも関われるワクワク感！

今回、あおぞら学童と作業療法コンサルの契約を結ぶことになり、引き続き、じっくりと指導員たちと並走して、子どもたちの学童保育生活に関われること、子どもたちの「できた」や笑顔をより近くでみられること、そして、あおぞら学童の一員として保育所づくりやまちづくりの一端にも関われると思うと、ワクワク感が止まりません。

将来、「まちの作業療法士」として、さまざまな場にお邪魔できることを目標に……。

（愛知県／藤田医科大学 リハビリテーション学科　伊藤美保子）

Part 2

子ども理解と作業療法コンサルテーションのすすめ方

Chapter 1

障害のある子どもの理解と放課後の生活

佐々木将芳（静岡県立大学短期大学部・社会福祉士）

1. 障害のある子どもをどう理解するのか

1 診断名としての『障害』と関係性からの結果としての「障害（困難さ）」

障害のある子どもの放課後の豊かな暮らしを保障するためには、障害についての正しい理解は欠かせません。

障害についての理解において、元東京都立大学の茂木俊彦さんは、子どもたちの診断名としての障害を知ることからわかる面と、変化の主体であるという発達の視点や、その土台となる生活の内容についてしっかり捉えることが大切であると述べています。

障害のある子どもの姿を理解しようとする時、多くの場合に、「機能障害」といわれる、障害の種類や診断基準、その障害の特徴などをまず知ろうとします。診断基準や特徴を知ることは、私たちが感じる「どうして、こういう行動をしてしまうのだろう？」といった疑問や、「どうしてもうまく伝わらない」「私（支援者）に、関心をもってくれない」などの不安を解消する手がかりを与えてくれることもあります。また、障害に応じた必要な支援が見えてくることもあります。

しかし、気をつけたいのは、診断としての障害は、それぞれの障害がもつ特徴の共通点を示したものであり、そこから個別具体的な子どもの姿を知ることにはならないということです。子どもが示す行動上の特徴や困難さは、診断としての障害に影響を受けながら、あくまでも一人ひとりの子どもが、人間関係を含めて周りの環境との関係性から示す結果なのです。

次に、「発達」や「生活」という視点を考えてみましょう。

「機能障害」を通して子どもをみる視点は、「○○ができない」「○○ができるようになる」などのことを知るための考え方に陥ることがあります。これは、子どもの姿をある一つの側面からのみ見てしまい、偏った考え方につながります。集団での生活では、他の子どもたちと比べて苦手なことや難しいことも多くあるかも知れません。また、私たちにとって当たり前と思えることでも、それをスムーズに理解し、受け入れることができない時もあります。

しかし、障害のある子どもたちも、毎日の生活で変化し、発達する主体であることを忘れてはいけません。そして、一人ひとりの子どもの中に、「できること」や「わかっていること」は、たくさんあるのです。

私が以前、発達相談で関わっていた施設の子どもの保護者から、「先生は月に2回くらいしか来ないでしょ。私たちは毎日この子と一緒に生活しているの。先生がたまにしか来ないことを悪く言っているのではなくて、こうして、時々子どもの様子を見てくれて、『すごいね。こういう力が育ってきたんだね』『こんな表情見せてくれるんだね』って言われることがとてもうれしい。私たちでは気がつかないことや、できて当たり前と思っていたことに意味を与えてくれる」と言われたことがあります。

支援者は、子どもたちと一緒に過ごす時間が多いからこそ、その変化を実感しにくいことがあるかもしれません。しかし、変化の速度はゆっくりであったとしても、子どもたちは日々変化し、「新しいわたし」に出会っています。私たちが気にしてしまう姿や行動は、そのような変化の過程における子ども自身のとまどいやたじろぎかもしれません。子ども自身のこういった姿に対して、周りの都合からの「こまった子」という一面的な評価は避けるべきです。

そして、このように子どもを理解するためには、生活の視点が欠かせません。生活は、子どもをあらわす鏡であり、その子の行動の背景を知るための重要な手がかりになります。例えば、学童保育指導員なら、学童保育で見せる子どもの姿だけでなく、家庭や学校でどのように過ごしているのか、逆に学校教員なら、学童保育や放課後等デイサービスなどの放課後の場や家庭でどのように過ごしているのか、それぞれの場での人間関係や生活習慣、取り組みの内容に目を向けることも大切です。さらに、現在の生活状況だけでなく、これまで、生まれてから積み重ねてきたさまざまな経験についても知る努力をしたいものです。

ここまで述べたように、「診断としての障害」のみでは、個別の子どもの姿を知ることにはならないことを常に意識しつつ、子どもたちの障害についての基本的な知識を共有しましょう。

次からは出会うことが多いと思われる障害について、その特徴や配慮したい点を考えます。

2 障害の理解と働きかけ

1 知的障害

知的障害の定義や診断基準は確定的ではありませんが、一般的に次の３つの要件を満たす場合を「知的障害」と呼んでいます。

まず１つめは、知的機能の発達の遅れです。多くの場合、標準化された知能テストによって測られた知能指数（IQ）の数値が基準となり、おおむね70（または75）より低いことと、それが持続することです。

２つめに、身辺処理や家庭生活、余暇活動、他者とのコミュニケーションなどの社会適応において困難さを示す点です。

そして第3の要件として、これら２つの状態が発達期（おおよそ18歳まで）に現れることです。

このような知的障害には、さまざまな原因や状態像があるとされていますが、一般には大きく生理型と病理型に分類されます。生理型とは、生物学的個人差によるもので、割合としてはこちらの方が多いとされています。病理型については、医学的原因によって知的障害があるものを呼びます。原因としては、代謝異常や、ダウン症などの染色体異常、出産前後における感染症や頭部外傷、低酸素状態での出産などが挙げられます。傾向としては、病理型の知的障害のほうが発達の遅れが大きいといわれています。

ここからは、学童保育で生活するケースが多い、ダウン症の子どもたちについて少していねいに考えてみます。

《ダウン症》

ダウン症は多くの場合、通常23対46本の染色体のうち、21番目の染色体がトリソミー（重複）となり、合計47本となっています。中程度の知的障害があることが多いとされており、コミュニケーションの面では、非言語的なやりとりは比較的良好ともいわれます。知的障害以外にも、心臓や消化器系の疾患や、頸椎の脱臼などの合併症、運動発達の遅れがみられる場合があります。

このように、知的障害への理解だけでなく、運動面や医学的な配慮を必要とするケースもある子どもたちですが、もうひとつの特徴としてよくいわれる「頑固さ」の姿から、少し踏み込んだ「子ども理解」を考えてみます。

ダウン症の子どもたちの中には、「イヤ」という拒否的な表現を示す場合や、つぎへの行動や活動に対して強く拒絶的になることもあります。このような頑固さについて、龍谷大学の白石正久さんは、反抗期的心理と同時に、具体的な見通しのもちにくさから拒否的になっていることがあるとしています。私は、この「見通しのもちにくさ」という視点がとても大切だと思っています。ダウン症の子どもたちは知的障害以外にもさまざまな困難さをもつことがあります。このことは、子どもの成長や発達にとって、私たちが想像するよりもより多くの時間や経験、エネルギーが必要になるということです。外から見える、身体的な成長や、周りの人の動きやことばの模倣などの変化に対して、その力をどのような場面で、どのようにして発揮するのかといった、内容面の変化が十分の育っていない場合も考えられます。

ダウン症の子どもに限ったことではありませんが、私たちはつい、外から見える変化に合わせてすこし欲ばった働きかけをしてしまいがちです。それを子どもたちが、「新しいことや、背伸びしなければいけない場面」として受け取ってしまうと、自分の経験と照らし合わせて見通しをもつことがむずかしく、不安や恐れを感じてしまい、結果として拒否的、拒絶的な姿になることも考えられます。このような姿を「がんこさ」としてひとくくりに考えずに、子どもの目線に立ち、いま何に困っているのか、不安を感じているのかを大切にし、その子に合わせてわかりやすい関わりをつくっていくことが重要です。

2 発達障害

文部科学省の調査では、小学校の通常学級に在籍する7.7%にあたる子どもについて、担任の先生から見て学習面や行動面、対人面での困難さを感じているという結果があります。学童保育でも、この調査結果に近い割合で、何かしらの困難さをもつ子がいるように感じます。ここでは、このような発達障害についての理解を考えます。

発達障害とは、社会性の困難さやこだわりの強さなどをもつ自閉スペクトラム症（ASD）や、読み、書き、計算などの学習面での困難さである学習障害（LD）、多動性や衝動性や注意の困難がみられる注意欠陥・多動性障害（ADHD）、そして手先の不器用さなどの運動の困難さがある発達性協調運動障害（DCD）などさまざまな困難さの「総称」です。

そして、これらの特性は一人ひとり現れ方に濃淡があり、誰もが持ち得る、対人関係の苦手さや、不注意、整理の苦手さなどが、あるレベルを超えて顕著になってしまうことで「障害」として認識されます。発達障害を理解する上で、この、「誰もが持ち得る」ことや、特性の連続性（スペクトラム概念）という視点は大変重要です。

つぎに、発達障害の特徴の重要なポイントを二点示します。

一点目は、「脳機能の障害」ということです。発達障害のある子どもが示すさまざまな困難の直接的な原因は養育環境やしつけなどではなく、先天的な脳の働きや特徴だということです。子どもが目に入ったものに気持ちが奪われ、つい離席してしまう、友だちの使っているものを「貸して」と言わず取ってしまうといった場合も、「わざとそのような行動をしている」「家族の育て方が悪い」とみることは避けるべきです。行動の背景には子どもなりの思いがあります。それを上手に実行できない大変さを理解し、必要な支援や工夫を考えて取り組んでもらえたらと思います。

そのうえで、さらに注意しなければならないのは、子どもを取り巻く環境も影響する可能性があることです。子どもたちの特性や特徴に配慮されない、不適切な関わりや対応が続いてしまえば、「二次障害」といわれる新たな困難さが生じてしまうことが考えられます。こうしたことを予防することも、子どもたちへの支援としてとても大切なことです。

二点目は、低年齢において発現するものということです。知的障害も伴うような自閉スペクトラム症の子どもでは、1歳6か月や3歳児健康診査で発達の遅れや偏りを指摘され、診断につながることもあります。しかし、それ以外の場合、保育所や幼稚園で過ごす時期には、いわゆる「気になる子」として過ごすことはありますが、小学校に就学してから学習面や対人関係、時間で区切られた活動への対応などでより具体的な課題や困難さが目立つようになります。保育所などでは特別な配慮を受けなかったものの、小学校へ入学してからサポートが必要なことが明らかになる場合もあります。学校での姿だけでなく、入学するまでの生活についても、保護者や保育所などへ当時の様子を聞ける関係があると、より具体的な子ども理解の手がかりになるでしょう。

《自閉スペクトラム症（ASD）》

近年、自閉スペクトラム症または、自閉症スペクトラム障害という表現が多く聞かれるようになってきました。これは従来、自閉症や広汎性発達障害、アスペルガー症候群などに分かれていたものを包括する概念で、医学の分野では今後このような表現が用いられることになります。そのため、以後はASDの表現を用います。

では、ASDの子どもたちにはどのような特徴があるのか、診断基準をもとに考えてみましょう。

一つめの特徴は、社会的コミュニケーションの障害といわれるもので、ことばを介したコミュニケーションの苦手さが見られます。これは、必ずしもことばそのものが少なかったり、発語がないということではなく、ことばを用いていても、その内容が自分の関心事に寄ってしまったり、一方的に話し続けてしまうことなどを含みます。そして、対人関係の苦手さとして、相手の気持ちを予測することがうまくいかないことが多く見られます。相手の表情やしぐさなどを読み取ることや、相手の目を見ながら話をすることが苦手といえます。こうした特性があるために、相手の気持ちと自分の考えが違うという可能性をもってやり取りをすることや、お互いの思いに折り合いをつけることが苦手であったりします。また、ことばの多義性（別の意味が含まれていること）への理解も得意ではなく、相手の言ったことやルールなどについて、まさしく文字通りに受け取ってしまうことが多くあります。

二つめの特徴は、常動的・反復行動、こだわり、感覚過敏や鈍麻です。常動的・反復行動とは、身体を前後に一定のリズムで揺らす、その場でくるくる回り続ける、手のひらを顔の前で降りつづけるなど、同じ運動を継続することです。こだわりは、キャラクターやもの、特定の人への強い関心や、活動への手順や場所へのこだわりなどがあります。学校から学童保育への道のりで、必ず立ち寄る場所や触れるものがあったり、子ども同士の並び順などにこだわりが見られる場合があるかもしれません。感覚の過敏（感覚過敏）や逆に感じにくい鈍麻とは、視覚や聴覚、触覚、嗅覚、味覚などの感覚情報の入力や処理に困難さがあるということです。目に見える情報が多すぎると、どれを選択（注視）してよいのかがわかりにくいことや、光そのものがまぶしく感じる、複数の音や大きな音が苦手と感じることがあります。また、触覚が過敏な場合、服の生地によっては着ることを嫌がることもあります。その他にも、食べ物のにおいや味、食感に敏感さを示し、食事場面では偏食として評価されてしまうこともあります。

以前、保育所を訪れた際、あるASDの子どもに、植木に止まっていたモンシロチョウの色を聞きました。するとその子は、うれしそうに「いろんな色」と教えてくれました。私たちはモンシロチョウの色を聞かれたら、「白」と表現することが多いかもしれません。しかし、正確にはモンシロチョウは白単色ではありません。黒の斑点模様や、グレーがかった白やきらきらとした銀色などさまざまな色が組み合わさっています。子どもの中には、それぞれがより際立って見える場合や、それを統合して一つのまとまりとして処理することが苦手な場合もあるのです。また、このような感覚刺激への過敏でなく、逆に感じにくい（鈍麻）子どもたちがいることにも注意が必要でしょう。

ASDの子どもたちは、これらの特徴以外にも苦手なことが少なくありません。新しい活動に取り組むことや、うまくいかなかったことにもう一度挑戦する際にとても大きなエネルギーを必要とすることがあります。また、行動や活動の見通しをもち、自分で行動をまとめることも苦手とされています。通常、新しい活動に取り組む時は、これまでの経験や周りの状況などを照らし合わせながら、自分の行動を変化させ、実行しています。しかし、こうした力の弱さがみられることもASDの特徴の一つとされています。そのため、「もうすぐ終わりだよ」や、「この辺でなら遊んでも大丈夫にしようか」といったあいまいな指示や限定は、とてもわかりにくいことなのです。具体的で安心できる行動の見通しを子どもたちに伝えることも大切な支援の一つです。

《注意欠陥・多動性障害（ADHD）》

ADHD（注意欠陥・多動性障害、注意欠如・多動性障害、注意欠如症）は、不注意と多動性・衝動性の２つの行動上の特性によって診断される発達障害です。この不注意とは、集中することが難しく、周りの刺激に注意が向いてしまうことや、気がそれやすい、予定を忘れてしまう、仕事や作業を終わらせることが苦手、などの行動としてよく見られます。多動性・衝動性は、落ち着いて作業ができにくい、着席時でも身体のどこかが動いてしまう、しゃべりはじめると止まらない、といった「行動を規制すること」の苦手さと、考える前に動き出してしまう、順番を待つことが苦手、他の人の会話に突然割り込んでしまう、など「行動を調節すること」の苦手さという二つの特徴をいいます。

ADHDは、不注意と多動性・衝動性のどちらの行動特性も示す場合が多いですが、これらのうち、どちらかだけでも診断されることになっています。とくに不注意だけの困難さを示す場合は、仲間関係などでのトラブルが少なくないことも多く、忘れ物が多い、注意が苦手、としてしか見られず、子どもの困難さが理解されにくいことも考えられます。東京学芸大学の奥住秀之さん

は、ADHDの子どものもつ困難さについて、3つの困難として整理されています。

一つめとして、時間整理の困難さです。作業や活動の際に、スケジュールを立てそれに沿って行動することが難しいということです。また、このような活動への見通しをつくることが苦手だと、その切り替えにも困難を伴うことがあります。時間整理が難しい場合には、やりきれる内容や時間の活動を準備すること、実施している内容をいくつかに区切り、支援者と一緒に確認できるようにするなどの工夫が求められます。

二つめは、空間整理の困難です。整理整頓の苦手さともいえるでしょう。視覚的な空間に、「なにが」「どこに」あるのかをうまく捉えることが難しい場合があります。発達障害の子どもの支援にあたり、「構造化」という言葉を耳にします。これは、先ほどふれた「どこに」「なにが」をわかりやすくするための枠組みといえます。見えるものへの刺激に弱いこともありますが、まずはわかりやすい空間をつくることからはじめ、それを少しずつ子ども自身で空間整理を行えるような支援を考えるとよいでしょう。

三つめの困難は、決めることの難しさです。衝動性が強いと、すぐに動き出してしまうことが多いですが、それと同時に頭の中に多くの選択肢が同時に浮かんでしまい、なかなか決められない場合もあります。このような場面では、子どもの頭にどのような選択肢があるのかを理解し、整理する手伝いをすることが支援の一つになるでしょう。浮かんできたイメージが整理され、選択肢が絞られたことで、子どもが自分で決めることができれば、自信をもった活動へもつながります。

もう一つ大切なこととして、ADHDの診断にあたっては、不注意、多動性・衝動性が二か所以上の場所で確認される必要があります。つまり、家庭や学校、学童保育、それぞれで似たような行動が見られるかを確認する必要があります。そのため、それぞれ場の連携が必要になります。また、この連携は診断だけではなく、子どもがどのような環境であれば落ち着いて、生きいきと生活が送れるかを考えるためにも重要です。

《学習障害（LD）》

LD(学習障害、限局性学習症)は、教育的な立場と医学的な立場からの2つの定義があり、その内容には違いがあります。

医学的な診断基準では、読み書きの特異的な障害、計算能力など算数技能の獲得における特異的な障害がある場合にLDと診断されます。教育的立場からは、全般的な知的発達に遅れはないものの、聞いたり話したり、推論したりする力など学習面での広い能力の習得と使用の著しい困難としています（文部科学省が1999年の定めた定義)。

教育的な立場からの定義では、医学的診断基準の他に、「聞くこと」や「話すこと」まで含めた幅の広さがあり、教育の現場で支援が必要な子どもを判断するために用いられています。

LDの子どもたちには、知的な障害は見られません。しかし、学習というのは読むこと、書くこと、計算することなどの力が総合的に求められます。例えば、算数の問題で文章題がでた場合、読むことに苦手さがあると、問題の意味を理解することが難しくなります。また、聞くことはできても、書くことが苦手であれば、自分の考えた答えを正しく文字として表すことが難しくなります。そのため、早い時期に子どもの困難さを理解し、個々の苦手さに配慮した支援方法を考えることが大切です。

LDの子どもたちの困難さが目立つのは、教育の場面が多く、学童保育や地域活動での支援は限られるかもしれません。しかし、宿題や活動の中での「読んだり書いたりの場面」などで、傷ついたり、意欲が高まらなかったりするケースも考えられます。そういった子どもたちに「うまくかけないのは、練習が足りないから」「もっと集中して宿題に取り組みなさい」などの指導は避けるべきです。苦手さに対して、積極的に支援を行い、子どもが「できる自分」を十分に感じさせてあげることが大切になります。

〈参考・引用文献〉

・茂木俊彦、野中賢治、森川鉄雄編『入門ガイド　障害児と学童保育』大月書店、2002年
・白石正久『発達の扉　下』かもがわ出版、1996年
・文部科学省「通常の学級に在籍する発達障害の可能性のある特別な教育的支援を必要とする児童生徒に関する調査結果について」2012（平成24）年12月
・奥住秀之「発達障害のある子どもの理解と学童保育での支援」『日本の学童ほいく』全国学童保育連絡協議会、2016年9月
・奥住秀之「注意欠陥多動性障害（ADHD）の理解と支援」『日本の学童ほいく』全国学童保育連絡協議会、2017年6月

2. 障害のある子どもの放課後の生活と支援—学童保育を中心に

1 学童保育の概略を知り、そこでの障害のある子どもの生活をつかむ

ここでは学童保育について概略を示します。そのうえで、障害のある子どもの放課後の現状を、豊かな生活を過ごすための前提となる「環境」に注目して考えてみましょう。

① 学童保育の歴史を知る

学童保育は1950年代から、学校終了後や長期休暇などに保育を必要とする保護者や、保育関係者が力を合わせてつくり、全国に広がっていきました。そして、1966年に文部省（当時）が「留守家庭児童会育成補助事業」を開始します。その後、事業は何度か変更を重ね1991年に厚生省（当時）が「放課後児童対策事業」を開始し、本格的な学童保育への補助を開始しました。その後、1997年に児童福祉法が改正され、第二種社会福祉事業として「放課後児童健全育成事業」が法定化されました。

法定化以降、学童保育の数は急速に増え続けています。そのため、2014年に示された「放課後児童健全育成事業の設備及び運営に関する基準」に基づき、全国各地の市町村で学童保育の基準を定めた条例制定が進みました。そこでは、市町村が従うべき基準として「指導員の資格と配置基準」や「児童１人につきおおむね1.65㎡以上の面積基準」などが定められました。また、2015年には「放課後児童クラブ運営指針」が策定され、学童保育の運営における方向性が示されました（注：しかし、運営指針策定からわずか５年でこの「指導員の資格と配置基準」は、参酌〈参考〉すべき基準とされてしまいました）。

このような歴史により、自治体によっては教育委員会や福祉課など、担当部署が異なる場合がみられます。また、国や自治体が施策の拡充を図ってきていますが、まだ地域によって実施内容に差がみられます。

これから、学童保育と関わりをもとうとする場合には、各地域の学童保育の歴史や現状を知ることが不可欠です。

② 学童保育で過ごす「障害がある子ども」は増加

厚生労働省「放課後児童健全育成事業（放課後児童クラブ）の実施状況」からは、

2019年５月１日時点で、学童保育に登録している障害のある子どもは４万人を超えており、前の年に比べて10％近く増加しています。その人数は、５年前と比べて1.5倍近くになっています。保護者の就労ニーズや、ひとり親世帯の増加など家族構造の変化もあり、学童保育全体の登録児童数が129万人を超えている中で、その増加率と比較してみると、障害のある子の伸び率がより大きいといえます。

また、学童保育だけでなく、その他の支援を利用している子どもたちも多くいます。とくに、障害のある子どもに対する放課後や学校休業日に利用可能な支援である「放課後等デイサービス」は、発達支援や、放課後の居場所、保護者へのレスパイト（一時的な休息）が目的として実施されています。そのため、保護者が働いていることは条件でなく、集団の規模も10人程度と小さい場所が多く、中度から重度の障害のある、小学生から高校生の子どもが多く利用しています。その利用人数は、2019年10月時点で23万人近くにまでなっています。学童保育では、放課後等デイサービスと比べると比較的軽度の知的障害のある子どもや、知的障害のない発達障害のある子どもの利用が増えてきている印象があります。

そして、保護者の就労状況や、他のきょうだいと一緒に地域の学童保育を利用したいと考える保護者の希望や地域の社会資源の状況などから、比較的障害の程度が重い知的障害や自閉スペクトラム症、肢体不自由のある子どもが生活していることもあります。障害のある子どもにとって、地域で暮らすための大切な社会資源としての学童保育の役割が十分に果たされることが求められています。

３ まだまだ不十分

さて、学童保育に登録している４万人という人数をどう解釈すればよいのでしょうか。障害のある子どもが全登録児童数に占める割合は、この５年間３％程度で大きく変化していません。また、受け入れている学童保育の数も増え続けていますが、全体の50％程度ですし、受け入れている子どもの人数も、１支援の単位では１人または２人が半数を超えています。学童保育を利用するための入所要件、受入体制や条件などは地域ごとに違いがあり、子どもたちの障害の内容や程度、さらには通っている学校種別によってもさまざまな状況があるでしょう。

子ども子育て支援新制度の実施とそれに伴う児童福祉法改正で、2015年４月以降は、対象となる子どもが小学校６年生まで広がりましたが、これもすべての自治体で実施されているわけではありません。放課後に安心して通える場所が必要な４年生以上の障害のある子どもたちの受け入れについての課題も残されたままです。さらに、受け入れにあたっての補助金も子どもたちや保護者のニーズを受け止めるためには決して十分な額とはいえません。そのような状況ですから、残念ながらすべての学童保育で障害のある子どもが放課後を過ごせているわけではないのです。

しかし、このように数字として見える子どもだけが、支援を必要とする子どもたちなのでしょうか。少し古い調査ですが、2012年に文部科学省が通常学級での発達障害の可能性がある子どもについての調査を行っています。ここでは、小学校全体で7.7%にあたる子どもたちについて、担任の先生から見て学習面や行動面、対人面において困難さをもつと感じていることが示されています。もう少し詳しくみると、１年生では9.8%、２年生で8.2%、３年生でも7.5%の子どもたちに困難さが見られるという結果です。

私も保育所や学童保育の現場で発達相談や巡回指導を行ってきましたが、知的発達の遅れは見られないが、対人面や行動面、学習面での遅れやかたよりがありそうな子どもたちについては、この調査結果に近い割合で在籍しているように感じました。おそらく学童保育の現場でも、このような関わりにくさを感じる「気になる」子どもたちもいるのではないかと思われます。このように考えてみると、「気になる子ども」も含めて、何かしら支援の必要性を感じる子どもの人数は決して少ないとは言えません。

4 放課後の「環境」は？

ここでは、子どもたちの過ごす環境面について考えてみましょう。適切な支援や関わりをつくっていくためにも、子どもたちが過ごす環境を考えることは、とても大切なことです。障害や発達上のかたよりがある子どもとの関わりや、行動の理解に難しさを感じてしまう場合、それが必ずしも子ども自身の問題だけとは限りません。子どもが安心して、自分らしさを発揮できる環境であるのかを考え直すことも重要です。

❶ 学童保育はどこにある？

厚生労働省の調査では、学童保育の開設場所の53%が小学校内の余裕教室や敷地内の専用施設となっています。また、児童館や児童センター、公的施設の利用などもあわせると70％近くが公的な施設での実施です。近年では減少してきていますが、民家・アパートや空き店舗を使用して保育を実施しているところも一定数あり、地域や運営組織によって、開設場所は異なってきます。

学校内に学童保育を開設することは、限られた社会資源を利用することや防災・防犯などの安全や衛生面の確保では意味があることです。しかし、子どもの放課後が、学校内で完結することについては、検討が必要でしょう。

子どもたちの日々の生活にとっては、学校と家庭、そして放課後、それぞれに意味があります。とくに障害のある子どもたちの中には、一つひとつ自分の中で区切りをつけ、気持ちに折り合いをつけながら次の場所、次の活動へと向かうことが必要な子どももいます。このことは、すべての子どもにとって共通するかもしれませんが、一生懸命頑張ってきた場所と、生活の拠点として休息をとり、おやつを食べ、自分らしく過ごす場所が同じ環境では、気持ちを切り替えることが難しい場合もあるでしょう。しかし、変わらない環境だからこそ安心して過ごせる子どももいますから、どのように気持ちを切り替え、学童保育を楽しい時間として過ごしていけるのかを考えることは、一人ひとりの状況に合わせて考える必要があります。

❷ 学童保育の広さは？

次に、学童保育の実施場所によって施設の広さに違いがあるかを見てみます。全国学童保育連絡協議会が2012年に実施した調査では、開設場所の平均のべ床面積は121.1平方メートル、子ども一人あたりでは2.62平方メートルでした。もっとも開設場所として多い余裕教室をみると、子ども一人あたりで平均2.28平方メートル、学校敷地内の専用施設で2.30平方メートルです。この広さは、あくまで学童保育としての専有部分についての結果ですから、トイレや台所、事務スペースなども含まれています。実際に子どもたちが生活を過ごすためのスペースは、より狭いものになっています。

厚生労働省令「放課後児童健全育成事業の設備及び運営に関する基準」（以下、「基準」）では、専用区画の面積が一人あたり1.65平方メートル以上とされています。幼児期の子どもが過ごしてきた保育所は、「児童福祉施設の設備及び運営に関する基準」において、満２歳以上の子どもが過ごす保育室で1.98平方メートル以上必要とされていますから、学齢期の子どもが生活を送る場所としては明らかに不十分といえるでしょう。

❸ 子どもの集団規模は？

また、広さだけでなくそこで過ごす子ども集団の規模についても考える必要があります。

先述の「基準」では、支援の単位として「おおむね40人以下とする」とされていますが、「実施状況」からは45人以上の規模をもつ支援の単位が27.2%もあります。保育所や学校などの集団よりもさらに大きな規模で過ごさざるを得ない環境は望ましいものではありません。子どもにとって、また大人にとっても、見通しのある、手の届く範囲の中で落ち着いた雰囲気や、よく知った仲間関係を基本とした、安心できる環境が必要ではないでしょうか。

このような非常に限られた環境で、身体的にも精神的にも多様さをもつ縦割りの年齢集団の子どもたちが生活することになります。駒澤大学の山崎陽菜さんは、学童保育での子どもたちの一日の行動を分析しています。

そこからは、子どもたちが学校から戻ってきた後、家庭に帰るまでの時間において、静的にも動的にも多種多様な行動を取っていることがうかがえます。Aちゃんは読書をし、B君はブロックや積み木に熱中しています。E君やO君は部屋の中央でじゃれあい、くすぐり遊びをし始めました。それぞれが、今の自分の思いの中でしたい遊びを展開するのですが、時にはけんかや言い争いも起きるでしょう。いわゆる、「子どもらしい」時間の過ごし方にも思えますが、それが苦痛に感じる子どもたちもいるかもしれません。

良くも悪くも雑多な環境の中で、たくさんの内容が同時進行で進むことで、状況の把握ができにくい子や、視覚的にも聴覚的にも刺激が多すぎて困ってしまう子、自分がしたい遊びが見つけられない子がいてもおかしくないのです。

学童保育で、障害のある子どもたちがともに過ごすことを特別なことのように考えるのではなく、すでに多くの子どもたちが一緒に生活し、同じ仲間として過ごす重要な社会資源だということがここからわかると思います。表に現れる子どもの行動だけを評価し、支援を考えようとしても、実際の課題は見えてこないことがあります。子どもの行動の背景には、いまの学童保育がおかれている保育環境が影響を与えている可能性に目を向ける必要があるでしょう。

2 子どもの内面を理解して支援する

学童保育にはさまざまな特徴、苦手がある子どもたちが一緒に生活をしています。子どもたちをどう理解し、実際の支援につなげればよいか、子どもをより深く理解するために指導員のみなさんに伝えている「子どもの行動を理解する視点」と「保護者支援」をご紹介します。

1 子どもの行動を理解するために必要な視点

まず大切なことは、診断としての障害は、その障害がもつ特性の共通点を示したものであり、それのみでは個別具体的な子どもの姿を知ることにはつながらないことです。また、子どもが示す行動上の特徴や困難さは、その障害に影響を受けながら、人間関係を含めた周りの環境との関係性から示される結果として考える必要があります。

そう捉えると、私たちが気にかかってしまう子どもの姿や行動は、さまざまな変化の過程における子ども自身のとまどいであり、たじろぎなのかもしれません。周りの都合からの「こまった子」といった一面的な評価は子どもを限定的に見てしまうことにつながるため、注意が必要です。

愛知県のろう学校教員だった竹沢清さんは、子どもの問題行動について次のように書かれています。

「子どもの行動をどうとらえるかが勘どころです。ひとことで言うと、“問題行動”を“発達要求”ととらえられるかどうか。現象的には、“問題行動”と見えるけれど、その中に、屈折したかたちでその子の願いがあるととらえられるかどうか」

私たちはどうしても子どもの表面的なことばや態度、行動に目がいきがちです。そして、私たちの感情や行動も揺れ動くことが多くあります。そのようなときは、一度立ち止まり、「その行動をせざるを得ない子どもの思い」に目を向けることが大事ではないでしょうか。

元・東京都立大学の茂木俊彦さんも、竹沢さんと同じように、子どもへの捉え方の「視点を変え、働きかけを改善していくと、潜在している発達の可能性が見えてくる」と述べています。

私たちはどうしても「できないことができるようになる」ことを考えてしまいがちです。また、私たちにとっての「あたりまえ」を子どもに求めてしまうこともあります。そんなときこそ、「子どもを共感的に理解する」ことを意識できると、新しい子どもの捉え方が生まれてくるかもしれません。そして、共感的な理解は、子どもへの支援における「中心的な課題」を知るための手がかりになるのではないでしょうか。

つぎに、私が以前に関わった、ある障害児施設の職員と子どもの関わりを紹介しましょう。

自閉スペクトラム症の傾向があるAちゃんは、あるキャラクターのキーホルダーにとてもこだわりがありました。キーホルダーをなくすとパニックになってしまうので、父親が慌てて同じものを買いに行くことがあるほどでした。登園し生活する時は必ず手に握りしめていて、活動中も口元で感触を確かめたりしていました。

新年度、Aちゃんの担当となった職員は、このこだわりが少しでも減ってくれればと考えましたが、Aちゃんのキーホルダーを握りしめる表情を見て、すぐに手から離すことは難しいと感じます。そこから、「なぜAちゃんは、毎日キーホルダーを握りしめなければ、生活や活動に入ることができないのだろうか」と考え、このこだわりを彼女の「不安」の表れだと感じ取ります。また、その不安は他者を頼ることや活動への見通しの弱さが影響していると予測しました。

そこで、最初からキーホルダーを持たないで活動するのではなく、職員と一緒に持ちながらでも楽しく過ごすことを大切にしようと考え、一緒に生活の見通しをつくることで、信頼関係を深めながら安心して過ごせる経験を増やしていきました。そして、手に握りしめていたキーホルダーを職員が着用しているエプロンのポケットに入れることで納得できる時間が増えていきました。不安になる時もありますが、その時は職員のポケットをのぞいたり、触れたりすることで気持ちに折り合いをつける姿を見せてくれるようになります。

このように、大切な人と過ごすことで、不安に対する〝よりどころ〟が人へと変化していき、施設へ登園したらカバンにしまって活動へ参加するようになっていきました。

このようにもし、目の前にいる子どもの姿の中に苦手さや困難さが見え、その中に「たじろぎ」を感じる時、その困難さだけを変えようとするのではなく、その子にとって「中心的な課題とはなにか」「どのような内面的な力が育ってほしいのか」を考えて関わっていきたいものです。

② 保護者のねがいを子どもの内面理解につなげる

子ども理解において、保護者との関係性がどのような意味をもつのかを考えてみましょう。再び、竹沢清さんの話を紹介します。竹沢さんは、『親が何か、突き刺すような言葉を言ってきたとき、「子どもの“問題行動”の中に、本当の願いがある」と読み解くのと同様に、その言葉の中にある本当の願いは何だろうか。この言葉の中に託されている意味は何だろうかと受け止める必要がある』と述べています。

子育ての仲間として、ともに子どもたちを支えていく時に、保護者の言葉にどのようなねがいがあるのか、またそのねがいが子どものどんな姿を通して発せられたのかを考え、受け止めることが新しい子どもの内面理解につながることがあります。保護者のねがいを通して、子どもの中心的課題を捉え、より深く理解していくことを、竹沢さんは「親との共同の勘所」と表現しています。

私たちは、学童保育でのある一面的な姿を通して子どもの姿を捉えてしまうことがあります。また、保護者の言葉が必ずしも、本当のねがいをストレートに表しているとは限りません。だからこそ、保護者の言葉も手がかりとしながら、より多くの事実や思いをつなぎ合わせ、その子にとって今一番大切なことや育てたい力を多面的に理解する努力が必要になるでしょう。

このように、子どもの姿をより深く理解していくためには、子どもと一番近くで過ごし、喜怒哀楽をともにしてきた保護者と指導員との連携が欠かせません。保護者の思いを通して、子どものねがいを知ろうとする時、そこには「この人だったら、私の思いを話しても大丈夫」という信頼関係が必要です。日々の子どもたちの姿をていねいに伝え、保護者と支援者がともにその姿を喜び合える関係をつくることが大切ではないでしょうか。

3 運営指針に立ち返りながら、学童保育の役割を確認する

① 保護者の子育てと仕事等を両立できるよう支援する

学童保育では、おたよりや連絡帳などを用いて、日々の子どもの様子や保育の内容を保護者に伝えることが指導員の仕事に位置づけられています。また、保護者会の活動などを通して、直接保護者と意見交換する機会があるかもしれません。では、なぜこのような取り組みが必要なのでしょうか。厚生労働省が2015年に策定した「放課後児童クラブ運営指針」（以下、運営指針とします）からまずは考えてみましょう。

運営指針第１章３の「放課後児童クラブにおける育成支援の基本」、（２）保護者及び関係機関との連携、では以下のように示されています。

●放課後児童クラブは、常に保護者と密接な連携をとり、放課後児童クラブにおける子どもの様子を日常的に保護者に伝え、子どもに関する情報を家庭と放課後児童クラブで共有することにより、保護者が安心して子どもを育て、子育てと仕事等を両立できるように支援することが必要である。また、子ども自身への支援と同時に、学校等の関係機関と連携することにより、子どもの生活の基盤である家庭での養育を支援することも必要である。

これは、「学童保育」が、子どもたちの成長や発達の場としてとても大切な役割を果たすと同時に、保護者も安心して子どもを学童保育の生活に送り出せるような支援が必要だということです。

働き方や家族のあり方、子育てに関する悩みなど、保護者のおかれている社会状況はさまざまです。その中で、働きつつ子育てをしていくことの大変さは想像にかたくありません。子どもを起こし、朝食を食べさせ、学校へおくりだし、自分も出勤する。夕方、迎えの時間を気にしながら学童保育へ向かい、急いで買い物を済ませ、宿題の確認をしながら食事の準備、そして入浴や就寝へとあっという間に一日が過ぎていきます。

子どもが寝たあとに、食事の片付けや翌日の準備など、自分たちが就寝するのは日付が変わってからということも少なくありません。そこに、学校や学童保育からの提出物の依頼や、子どもの服の繕い、給食エプロンのアイロンがけなどがあると、正直ため息がでる時もあります。毎日こうした時間に追われるような生活の繰り返しで、どうしても気持ちに余裕がもてず、子どもの様子に目を向けることが難しいこともあるでしょう。日々、気にはなっていても、ゆっくり考えることができない子どもの生活の様子を毎日のおたよりや連絡帳などで伝えることで、一緒に子育てを行っている安心や信頼を生み出しています。

さらに、障害のある子どもとその保護者への支援の視点から考えてみましょう。

学童保育に子どもを通わせながら、家事や育児と仕事をなんとか両立している保護者への支援はとても大切であり、障害のある子どもを育てている保護者への支援は、よりていねいな関わりが必要となります。子どもとともに生活していくことの喜びや幸せと同時に、さまざまな不安や焦り、障害のある子どもの保護者という重圧に耐えて日々を過ごしている場合もあるでしょう。

② 障害のある子どもへの対応

運営指針第３章２では、「障害のある子どもへの対応」が述べられています。ここでは、「（１）障害のある子どもの受入れの考え方」から、障害のある子どもへの対応を考えてみます。

●障害のある子どもの受入れに当たっては、子どもや保護者と面談の機会を持つなどして、子どもの健康状態、発達の状況、家庭の状況、保護者の意向等を個別に把握する。

このように、障害がある子どもが学童保育に入所する際には、面談などを通して子どもの様子や保護者のねがいを聞く機会を設けています。そこでは、子どもの得意なことや苦手なことを把握し、家族の生活の様子を理解した上で、それぞれの学童保育で行える支援の内容を検討しています。そのうえで、学童保育で行える支援について、可能な限り保護者との合意をつくることが大切になります。

この際、保護者からの話を聞くことに関して、次のことがとくに大切です。子どもと保護者がどのような生活を過ごしてきたのか、障害や苦手さについて、いつ頃気づき、支援機関とのつながりや、診断を受けた時の思いなど、子どもと保護者のこれまでの生活の歴史に寄り添いながら話を聞きたいものです。その中で、保護者は子どもがこれまでにどのような変化をしてきたのか、これからどうなってほしいのかというねがいも示してくれるでしょう。私たちがこれから一緒に生活をしていく子どもと、一番長い時間を過ごしてきたのは保護者です。その保護者の言葉を尊重し、ていねいに耳を傾けることを大切にしたいと思います。

しかし、こうした聞き取りは、場合によっては保護者にとって大きな負担となること

もあります。入所前にあまりに詳しく話を聞こうとして、緊張関係を生じさせてしまうことは防がなければなりませんから、関係機関と連携しながら、面談でどのような内容の話をするかについては柔軟に対応していくことも必要でしょう。

3 保護者のねがいを理解し、共感し合う関係をつくる

保護者との関係性をていねいにつくることは、入所後も継続していくことが必要です。支援者は、保護者とともに子どもの成長や発達をねがい、これからの子育てを一緒に考えていく仲間として関わることが大切です。時には互いの考えや思い、子どもの姿に対する捉え方にズレが生じてしまうこともありますが、保護者の思いを振り返ることで、共感的に理解することができるのではないでしょうか。

ここからは、保護者のねがいを共感的に理解することと、子ども理解においてそのねがいをどのようにつなげていくのかを考えます。

運営指針３章４「保護者との連携」では、「(2) 保護者からの相談への対応」として次のように示されています。

- 放課後児童支援員等は、育成支援を通じて保護者との信頼関係を築くことに努めるとともに、子育てのこと等について保護者が相談しやすい雰囲気づくりを心掛ける。
- 保護者から相談がある場合には、保護者の気持ちを受け止め、相互の信頼関係を基本に保護者の自己決定を尊重して対応する。また、必要に応じて市町村や関係機関と連携する。

ここで大切なことは、信頼関係をベースにして相談しやすい雰囲気づくりを心がけること、そして保護者の気持ちを受け止め、自己決定を尊重することです。しかし、相談しやすい雰囲気と言われても、それがどのようなものかを想像するのは難しいかもしれません。

また、信頼関係を築いていくことも簡単なことではありません。では、何を手がかりとして支援者と保護者がつながっていくのかを考えると、それは子どもの姿を共有することから始まるのではないでしょうか。

毎日の仕事や家事で時間が過ぎていく生活をおくる中で、子どもの姿をゆっくり考える機会がなかなかもてず、不安や悩みを抱える保護者も少なくないでしょう。障害のある子どもの保護者の場合、「学童保育で楽しく過ごせているのだろうか」「友だちはできたのかな」といった心配も含めて、その思いはより大きくなるかもしれません。だから

こそ、日々の子どもの様子や子どもの変化は、保護者にとっての大きな喜びや自信になるでしょう。そして、子どもがそのような姿を見せることができる学童保育への信頼感も増していくのだと思います。

しかし、毎日の保育からは、苦手なことや関わりの難しさについても保護者に伝え、一緒に今後の課題を考えなければいけない場面も出てくるかもしれません。その際、注意したいのは、そのような内容が受け止められるだけの土台がつくられているのかということです。

私たちにとって“気になる”子どもの行動は、これまでにも学校や保育所、そして、家庭の中でも見られた姿だったかもしれません。保護者にとっては、今まで何度も考え、悩んできたことにあらためて向き合うには、エネルギーが必要です。

逆に、家庭において変化の少ない安定した環境で過ごしている子どもだと、学童保育での様子とのちがいが大きくなり、保護者が子どもの姿をイメージすることが難しい場合もあります。だからこそ、これまでの子育ての営みに敬意をもち、お互いの信頼関係や子どもを受け止める気持ちと、今の子どもの姿を捉える共通の着眼点を土台として、子どもにとって一番よい支援や環境のあり方について、保護者と話すタイミングを探る必要があります。その意味においても、学童保育での生活から、子どもの変化のきざしを確実に捉え、肯定的な姿や内容を保護者としっかり共有することがとても大切になるのです。

4 指導員同士や他の専門職との連携

ここまで述べてきた、子ども理解への内容をより豊かに展開するために必要な、指導員間や他の専門職との連携について考えます。

❶ 指導員同士の連携で考えたいこと

障害のある子どもを支援するためには、子ども一人ひとりの行動について、ていねいな理解が必要です。しかし、子どもの行動や、その行動の根っこにある想いを理解することは容易ではありません。その際に大切にしたいのは、指導員同士の連携です。

「運営指針」の第３章２「障害のある子どもへの対応」「（２）障害のある子どもの育成支援に当たっての留意点」では、次のような留意点が示されています。

- 継続的な育成支援を行うために、障害のある子ども一人ひとりについて放課後児童クラブでの状況や育成支援の内容を記録する。

- 障害のある子どもの育成支援についての事例検討を行い、研修等を通じて、障害について理解する。
- 障害のある子どもの育成支援が適切に図られるように、個々の子どもの状況に応じて環境に配慮するとともに、職員配置、施設や設備の改善等についても工夫する。

これらの留意点は、「子どもたちの行動を理解するために記録を取る」「記録をベースに事例検討を通して、どんな支援が可能になるのかを考える」、そして、「事例検討などから導き出した支援について、人的・物的環境を調整することを通して実現していく」という連続性として考えることができます。

これまで、私たちが気にしてしまう子どもの姿や行動は、変化の過程における子ども自身のとまどいや、たじろぎとして理解すること、そして、このような姿を周りの都合から「こまった子」といった一面的な評価を避けることが大切だとお話ししました。それは、子どもの行動は、障害そのものだけでなく、その子の人間関係や周りのさまざまな環境との関係性から現れてくる結果だからです。子どもを理解しようとする時、私たちはどうしても表面的なことばや態度、行動などに目がいきがちです。また、それらの子どもの姿から、私たち自身の感情や行動が揺れ動いてしまうこともあります。

では、なぜ私たちの感情や行動が揺れ動いてしまうのでしょうか。そこには、「できないことができるようになる」ことを考えてしまい、私たちにとっての「あたりまえ」を子どもに求めてしまうことが影響しているかもしれません。「できないことができるようになる」といった評価的視点は子どもが大変な思いをするだけでなく、支援者自身の実践や子どもとの関わりを限定的なものにしてしまいます。それは、よりいっそう子どもの姿を「できる、できない」といった視点で見てしまう悪循環になりがちです。こうした状況に陥ると、子どもを「共感的に理解する」ことはとても難しくなってしまいます。

現実には、限られた職員体制の中で、さまざまな年齢や家庭環境にある子どもたちの生活や発達を支援していくのはとても大変なことです。だからこそ、支援者がひとりで不安や悩みを抱え込まないようにすることがとても重要です。子どもとの関

わりに迷うことも多くあるでしょう。また、子どもの行動を受け止めることが難しい場面もあるかもしれません。

指導員は、子どもの遊びや生活づくりにおいて高い専門性を有していますが、障害のある子どもについての専門家ではないのですから、悩み、迷っているときこそ、指導員同士で思いを共有して、自分だけが悩んでいるのではないことを実感できる関係性をつくることが大切です。そして、自分たちが何に悩み、どのような点で迷っているのかを共有することは、これからの課題が見えてくることにつながります。関わりの中でうまくいかないことを、否定的、批判的に捉えるのではなく、子どもの内面理解の第一歩として考え、積極的に話し合える機会を設けてください。

そして、共有された課題を具体的に解決していくためには、子どもの姿を多面的に捉える視点が大切です。支援者が見ているのは、「ある場面」において、「その時の特定の人」との関係において、子どもが示している限定された姿です。ときに私たちはその場面の当事者として、自分自身のフィルター（価値観）を通してその行動を理解しがちです。子どもとの関わりに迷い、抱え込んでいる時ほど、その傾向は強くなりやすいでしょう。そのため、別の指導員や友だち関係の中ではどんな姿を示すのか、「気になる」姿は日常のどんな場面や環境で生じがちかなど、より多くの目で、客観的な子どもの姿を整理していくことが必要になります。

例えば、B指導員との関係ではうまく切り替えられないことでも、なぜかD指導員とではできることもあるでしょう。そうしたときは、B指導員の関わりに問題があるという捉え方より、それぞれの指導員が、子どもに「どのようなタイミング」で、「どれくらいの情報量のことば」を「どのような姿勢」で投げかけ、それを子どもがどう理解したのかを振り返ることが必要でしょう。

こうして、指導員一人ひとりが経験した子どもとの関わりや姿、その時に感じた子どもの思いをつなぎ合わせることで、その子の中心的な課題や手厚く関わるべき思いやねがいを理解していく過程が大切です。このような過程を、職員間で子どもに対する共通理解を深める機会にしてほしいと思います。「D指導員でなければできないこと」ではなく、どの指導員とであっても困らないような体制をつくることをめざしましょう。

そしてその際には、記録が有効です。可能な限り事実に沿って話し合うためには、「記憶」に頼らず「記録」がとても重要です。

毎日の業務の中で、保育を振り返る時間も限られていますが、保育を通して、その子をよく表しているような場面や姿、関わった時に感じた思いや疑問などをその日のうちに記録してみましょう。この記録を、時系列や場面ごとなど、関係しそうな要素で分類していくことから、子どもの具体的な行動の意図が見えてくることが多くあります。無理をせず、ノートに数行や、大きめの付箋などに書き留めるだけでもよいので、取り組んでみてください。また、職員の勤務体制上、連携を図ることが難しい状況でも、こうした記録が子どもの姿をひも解く手がかりになると思います。

そして、最後のポイントは、互いの経験や実践から学び合うことです。自分一人で考えた時にはよいアイデアが浮かばなくても、さまざまな経験や価値観をもつ多様な指導員集団の中で考えることで、思いもよらない考えが出てくることもたくさんあります。成功した実践だけでなく、うまくいかなかった取り組みにも子ども理解の新しいヒントがあるはずです。

このように、職員間での連携とは、子ども理解において大切であると同時に、その職員集団そのもののあり方にとっても重要な要素になります。指導員一人ひとりが、子どものことを考え、実践に取り組むことはとても大切です。しかし、それ以上に、学童保育全体で障害のある子どもも含めた仲間集団を支える意識を育てていくことも重要な視点です。

❷ 他の専門職や機関との連携

最後に他の専門職や機関（以下、他の専門職等）との連携について考えてみます。

「運営指針」、第３章２「障害のある子どもへの対応」「(２）障害のある子どもの育成支援に当たっての留意点」では、記録や事例検討、環境改善といった学童保育所内での取り組みだけでなく、次に示すように具体的な支援サービスや機関を挙げて、連携するよう述べています。

- **障害のある子どもの特性を踏まえた育成支援の向上のために、地域の障害児関係の専門機関等と連携して、相談できる体制をつくる。その際、保育所等訪問支援*、障害児等療育支援事業や巡回支援専門員整備事業の活用等も考慮する。**

*77ページミニコラム参照

指導員が一人で子どもを抱え込むのと同じように、学童保育だけで悩みや不安を抱え込んでしまっては、正しい子ども理解につながりません。悩んでいることや困っていることを相談でき、支援の見通しがもてるような専門職同士の仲間づくりも大切になります。

まずは、自分たちの学童保育がある地域で、どんな専門職等が活動しているのか、探ってみることから始めましょう。

次に、子どもたちの生活の視点から他の専門職等との連携を考えてみます。子どもたちが学童保育に通う時間は、その生活のある一部分です。それと同等の時間を、学校での教育や家庭での生活時間として過ごし、日常が成り立っています。また、近年では、障害のある子どもへの支援も少しずつですが整備されてきました。障害の内容や、家庭の状況などによっては、放課後等デイサービスと学童保育を並行して利用しているケースや、ヘルパーとの外出支援を利用している場合もあるでしょう。また、医療との関係では、作業療法士によるリハビリテーションや、言語聴覚士によることばの訓練などに通っていることも考えられます。

これらのさまざまな場面や関係性の中には、私たちがまだ知らない子どもの姿もたくさんあります。例えば、学童保育へ帰ってきた子どもの姿が、いつもより落ち着いている、楽しそうな表情が多い、逆に不安そうな表情やそわそわした様子が見られることもあるでしょう。そうした、普段とは少し異なる子どもの様子は、学校や家庭、他の支援を受ける時間の中で経験する、喜び、かなしみ、緊張、達成感なども影響しています。

もし、子どものちょっとした表情や姿の変化に気づくことがあれば、他の専門職等とともにその意味を捉えなおす機会としてみましょう。より多くの視点や関わりを持ち寄ることで、今まで気づかなかった姿や共通点も見えてきます。それぞれの場で、各自が見ている様子をつなぎ合わせることで、新しい子どもの姿を知ることが、その子のねがいをより具体的に理解する手がかりにもなります。それぞれの専門職がお互いの専門性を尊重した上で、生きいきとした子どもの姿をともに想像しながら、連携を超えた協働の視点から、子どもの生活や発達を丸ごと支えられる仕組みを考えていけるとよいと思います。

〈引用・参考文献〉

・厚生労働省「放課後児童健全育成事業（放課後児童クラブ）の実施状況」各年度版
・全国学童保育連絡協議会「2012年学童保育実施状況調査」2013年３月
・山崎陽菜「子どもの生活行動から学童保育の施設空間を考える」日本の学童ほいく、2014年9月
・竹沢清「第２部　実践の勘どころ－子ども理解と記録」『遊びが育てる子どもの心』2015年、放課後連・東京
・茂木俊彦「「限りない発達」の権利を保障するために」『マンガ　はじめの一歩─障害のある人に出会うとき』2006年、全障研出版部

Chapter 2

「学童保育×作業療法士」連携は子どもと地域社会の未来を変える

――始まりと経過――

糸山智栄（岡山県学童保育連絡協議会会長）

1 偶然か必然か、2015年度から動き始めた「学童保育×OT」

現役保護者の頃から地元の学童保育の運営に関わり、保護者OBとして岡山県学童保育連絡協議会の活動する中で、ずっと心にひっかかっている課題がありました。ニーズの高まりにより、学童保育の数の拡大に力は注がれていましたが、「発達障害等の配慮の必要なの子どもへの対応」など保育の質の向上に関することです。

プレハブや余裕教室などの簡易な設備環境の中、異年齢の多数の子どもたちがひしめきあって過ごしている学童保育。本当なら、伸びのびと思い思いに過ごせる放課後を、時間や空間の制限ある中で過ごさせなければならない子どもたち。安全を確保し、一人ひとりの育成支援をする指導員のみなさんのストレスは大きなものだと思っていました。

特性のある子どもたちにとっては、いっそう過酷な状況に思われます。「発達障害」という言葉が知られていない時から指導員たちは、熱心に学んでいることも知っていました。しかし、学んだ知識が現場に生かせないという声もよく聞いていました。研修機会が少なく、専門的なサポートがないままです。障害児の受け入れの加配制度ができ、サポートする指導員を加配することはできるようになりましたが、それだけでは対応できない現実があり、なにかいい方法はないものかとずっと思っていました。

そんな中、2013年、小林隆司さんに再会しました。30年前、作業療法士（OT）養成の学校に行っていたことは知っていましたが、ちゃんとOTになっていました。私の本業は訪問介護なので、「高齢者分野」でのOTとのコラボができるかなと思っていましたが、ある時、「アメリカの学校には、OTがいて子どもの支援をしている」と教えてくれました。

「これだ！」学童保育の現場にOTに来てもらえばいいんじゃないか！と思いました。すぐにでもやりたい気分でしたが、小林先生は、研究者なので「やる前に、ちゃんと実態調査をしておかないと、効果があるのかないのかわからない」との指摘で、2015年度にまず、岡山県内の学童保育の障害児の利用や指導員の意向調査を実施することになりました。

私が課題として思っていた「指導員たちの『発達障害等の特性がある子どもたちへの関わりを学びたい』」という思いを示すデータもない状況でした。「障害児の利用に関する詳細なデータ（調査）」がない、あってもとても古いというのが当時の学童保育の現実でした。

調査の結果、予想以上の障害児の受入数でした。また、指導員からは「月に1回程度、実際の現場で、『直接』『個別』のアドバイスを受けたい」との希望が明らかとなりました※（この時の調査は「作業療法士」という職種ではきっとわからないだろうから「リハビリテーション職」という設問だったのです）。

市民活動好きな私は、補助金や助成金の申請には慣れていたので、このタイミングで間に合った「2016年度岡山県備中県民局協働事業」に「地域でチームで長い目で――発達障害があっても、自分らしく生きられる備中地域づくり」というテーマで応募しました。また、倉敷市では、保育園の巡回相談を発展させて、「学童保育にも専門職の巡回訪問を」という提案をされていたOTの森川芳彦さんとも出会えるという奇跡も起こりました。

さらに、幸運なことに倉敷市には、子どものことを勉強しているOTのグループがありました。先行して、倉敷市の二福のびのびクラブで、森川OTによる現場指導の試みもスタートしました。岡山県備中県民局事業も採択され、早々に「行政との協働」という願ってもない形で、岡山県作業療法士会の全面的な協力を得て、今まで誰も考えたことのない「学童保育×OT連携」の試みがスタートしました。

2 岡山県作業療法士会との連携で、手探りだが戦略的に

私を含めた学童保育関係者はOTのことを知らず、OTのみなさんも学童保育は視野の外だったので、双方、手探りでスタートしました。2016年度の事業は、「フューチャーセッション」という手法を活用した顔合わせから始まり、コンサル（現場指導）、OTによる指導員向け講座、就労を視野に入れたシンポジウムなど、今振り返ってももりだくさんな事業展開でした。知らないからできたとも思えます。

※学童保育における障害をもつ児童の受け入れ状況とリハビリテーション専門職による支援ニーズ～岡山県2015年度アンケート調査より（首都大学東京大学院人間健康科学研究科教授　小林隆司ほか）
- 回答施設数は124施設（回答率36％）。これらの施設の在籍児童総数は、5,487人
- 1施設あたりの障害をもつ児童数3.8人。
- 在籍児童総数に対する発達障害を持つ児童の比率7.0％。

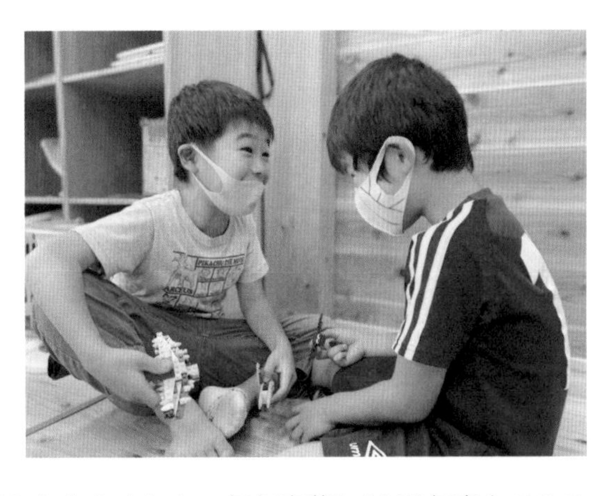

この成果をもとに、2017年度には岡山県備前県民局事業、県北の津山市の協働事業にも応募し、岡山県内へと広げました。そして、全国に広げようと2017年度独立行政法人福祉医療機構（WAM）社会福祉振興助成事業に応募し、「学童保育作業療法士連携全国モデル事業」が採択されました。これもまた、知らないからできたともいえる大きな規模の取り組みとなりました。毎年応募し2019年度までの3年間で、学童保育関係者、作業療法士双方へ「学童保育×作業療法士連携」の理解を広めつつ、行政に施策として取り入れてもらえるよう、あの手この手の大作戦を繰り広げました。

2016年の夏休み、倉敷市での初めてのコンサルテーション（コンサル）、指導員のうるんだ瞳に確信を得ました。経験上の対応の意味や効果をOTと一緒に言語化していく中で、指導員の不安が自信に変わった瞬間であったと思います。「ああ、これでよかったんだ」、力は指導員の中にあり、それをOTの力を借りて、引き出し、共有し、チームの力にする。最初から「コンサルテーション」という言葉を使ってはいましたが、しっかりとしたイメージをもっていたわけではなく、たくさんのOTに学童保育を訪問してもらい、積み重ねることで、「コンサルテーション」というものがつくられていった感じです。

指導員とOTの双方の専門性を掛け合わせて、現場がパワーアップされていきました。子どもにとっての「意味のある作業」は「遊びと生活」。学童保育は「遊びと生活の場」。これを切り口にするOTは、学童保育との親和性は抜群で、学童保育に関わる専門職として最強だと思いました。

3 実はみんな待っていたんだ。施策化を目指す！ が！　このままではOTが足りない。

ぜひこれを継続せねば！　そのためには制度化です。

実は、倉敷市での備中県民局事業の開始前に、県外の2クラブでコンサル試行していました。思い切りのいい私でも、実際に見たこともない「OTコンサル」をいきなりやるのは無謀過ぎると思い、SNSで呼びかけて協力者を見つけました。すごい！という実感と協力クラブの感触もよかったので、備中県民局事業では、初回コンサルから行政担当者や議員に視察を依頼し、早々に国会議員懇談会も実施しました。この懇談会には、たまたま四国に来ていた日本作業療法士協会の会長さんも出席してくださいました。マスコミ取材もあり、切り口を換えて何度も記事にしてもらえました。

今振り返ると、なかなか戦略的なスタートでした。併せて、SNS投稿や書籍の出版など学童保育仲間のネットワークを活用して、ひたすら発信し続けました。できることはやる。手応え良好なので、早々に厚生労働省雇用均等・児童局少子化総合対策室長へも要望書を届けに行ってみたりもしました。

この2016年夏休みのコンサルの担当課と議員の視察を経て、倉敷市の9月議会で質問があり、前向きな答弁を得ました。そして、試行の翌年の2017年4月には、倉敷市の学童保育担当課にOT資格者の職員が異動してきたのです。本当にびっくりしました。そんな方法があるとは驚きでした。この背景には、倉敷市の学童保育運営委員長の皆さんが長年「巡回指導を」と要望し続けていたという地道な活動がありました。2018年7月には、岡山県の単県事業で「岡山県放課後児童クラブ学びの場充実事業」(県1/2、市町村1/2の助成、政令市、中核市を除く)が創設され、OTコンサルにも活用できることとなり、行政の予想外のアイディアとスピードに驚くばかりでした。

しかし、常に耳にするのが「子ども領域のOTが少ない」「コンサル経験がない」という話です。「やばい、こんな勢いで進むと、絶対OTが足りなくなる。なんとかしなければ!」と考え、経験あるOT(指導)に、現場を経験したいOT(育成)が同行し、現場実習をするというスタイルを初期から取り入れました。

さらに地元岡山の橋本財団の助成金を得て、子どもや地域で活躍するOT育成講座を実施しました。橋本財団助成での講座は、2018年度は16講座(4日間)、2019年度は8講座(2日間)、コロナウイルス禍の2020年度はオンラインで5講座、トータル3年間で29講座を実施しました。

座学とコンサル同行で、他領域の職場で経験や地域に出るチャンスのなかったOTにも、この事業を知ってもらい、地域(子ども)で活躍できるOTを増やしておくことを目指しました。こんなふうに、岡山県で集中的、試験的に取り組んだものを福祉医療機構(WAM)社会福祉振興助成事業で全国へと広げていきました。

2016年度の岡山県での事業の開始直後か

ら、沖縄県南風原町役場を皮切りに、大分、鹿児島、静岡の学童保育関係者から説明の機会をもらい、確かな手ごたえを感じました。しかし、今までに見たことのない「学童保育とOTの連携」始めること、つまり、「0（ゼロ）から1」を生み出すことは、行政にとってとても大きなハードルで、助成金を活用して実際にやって効果を見てもらうしかないと思いました。

全国の学童保育仲間に呼びかけて、「やってみたい」と手を挙げてくれたところがあれば、その都道府県の作業療法士会に連絡しました。OKが出れば、即、学童保育関係者とつなぎ、地域の状況に合わせて、説明会、コンサル、講座、多業種交流会など柔軟な形で連携事業を実施しました。予想通り「子ども領域のOTが少ない」「学校、特別支援学校、放課後等デイ等との連携で時間的に厳しい」との声も多かったので、無理せずできるところから始めるというスタンスで取り組みました。

岡山でのスタートから4年、北海道から沖縄まで、岡山県を含め38の都道府県でなんらかの取り組みができました。しかし、私たちが集約していないところで始まっている場合もあって、もしかしたらこれ以上に広がっているのかもしれません。「OT」という子どもを支える専門職の存在を知ってもらい、コンサルによる学童保育指導員のスキルアップ、モチベーションアップを見てもらうことができました。

2018年度には、それぞれの作業療法士会の協力により、宮城県、佐賀県で2日間のOT育成講座を開催することができました。宮城県作業療法士会が東北全県、佐賀県作業

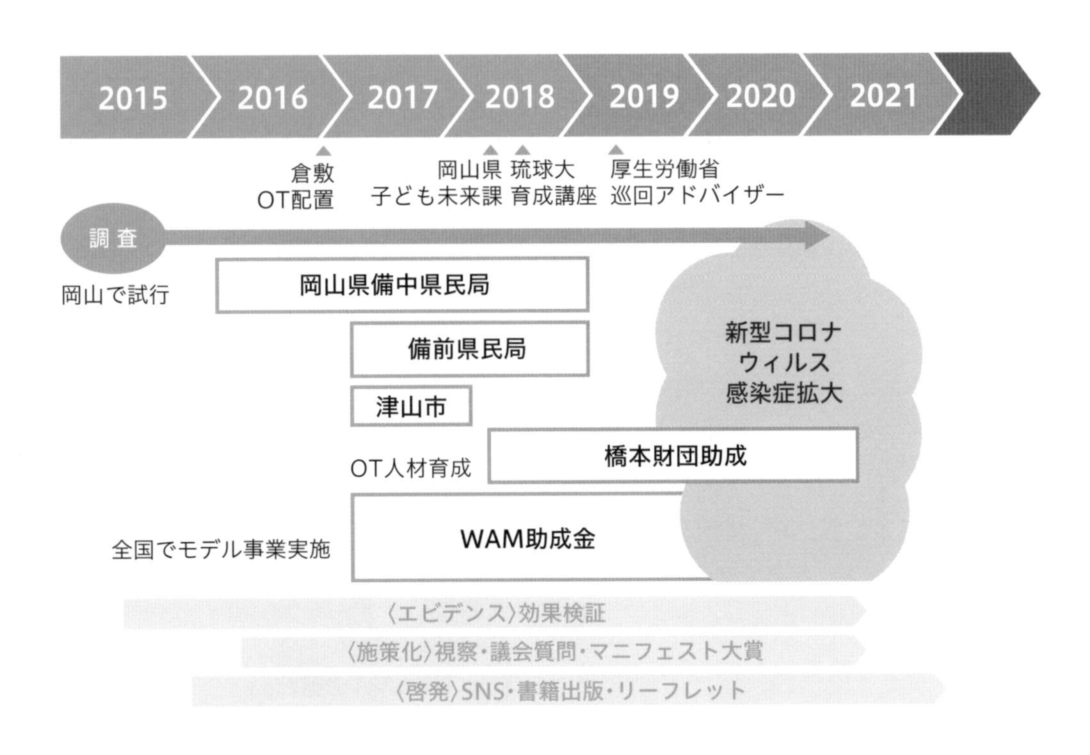

療法士会が九州全県に参加を呼びかけてくれ、OTを中心に多数の参加者がありました。さらにそこから、青森、宮崎への講座へと広がりました。地元のさまざまな職種の方と共に、子どものことを学ぶ講座を鹿児島（霧島・奄美大島）がそれぞれ2日間のコースで、青森、岐阜、神奈川が1日コースで実施できました。多くの人の大きな期待とエネルギーを感じました。

学童保育、OT、議員、行政関係者からのアプローチにより、各地で具体的施策も実現しつつあります。兵庫県明石市では既存の心理士の巡回訪問に上乗せしてOTの訪問が実現、沖縄市南風原町では子どもの支援に町の施策として「OTの活用」が実現、沖縄市では学童保育への訪問も視野に入れてOTが雇用されたとのことです。「保育所等訪問支援事業」等の既存の制度の活用、雇用、独自の施策までさまざまな手があることに驚いています。

学童保育側でも、OT資格をもつ指導員を雇用する、個別契約するなどの試みもされています。2019年度厚生労働省の予算には「巡回アドバイザーの配置」が新設され、OTの活用の可能性もますます大きくなってきました。既存の障害児受け入れの加算制度や研修費を活用しての連携の試みも始まっています。多くの自治体に知ってもらい地域に合わせて、OT活用の施策を実現してほしいです。

宮城県石巻市、岐阜県飛騨市、大阪府泉南市、兵庫県明石市、岡山県笠岡市、大分県豊後大野市、沖縄県南風原町などが着目して、施策が実現しています。大分県豊後大野市での取り組みは、公益社団法人大分県作業療法協会HPの広報誌No.25で見ることができます。

▶ https://www.oita-ot.com/広報誌について/

また、「学童保育×OT連携」の取り組みでは、「効果検証」が常に意識されてきました。第50回日本作業療法学会（札幌）で「学童保育における障害をもつ児童の受け入れ状況とリハビリテーション専門職による支援ニーズ ～岡山県2015年度アンケート調査より～」（小林隆司他）がポスター報告され、翌年の第51回学会（東京）ではなかったものの、第52回学会の名古屋、博多、新潟（オンライン）と、毎年、口述とポスターの両方で複数の発表がなされています。抄録を検索してぜひ目を通して

みてください（検索ワードは、学童保育、学童、放課後児童クラブ等、または本書巻末や134～135ページに掲載されているOTの名前）。ポスター報告の質疑で、全国の多くのOTに知ってもらい、つながることができました。一般社団法人日本作業療法士協会のホームページでも「放課後児童クラブ」で検索するといくつかの記事が出てきます。みなさんもぜひ検索してみてくださいね。（https://www.jaot.or.jp/）

4 その時が来た！のタイミングで 新型コロナウイルス感染症

2016年からの岡山県県民局協働事業3年間と2017年度からのWAM助成事業3年間、2018年度から橋本財団助成事業による地域（子ども）OT育成3年間、重なり合いながらのトータル5年の活動の中で、全国の地域で活躍しているたくさんのOTに出会いました。行政担当者、議員、保護者、指導員、OT、それぞれの立場での全国各地のアクションがさまざまに結びついて、大きく地域が変わる瞬間へと向かっている！

いよいよ、あと一息。その時が来た！

と思ったタイミングで新型コロナウイルス感染症による社会の大変化。2020年度の後半に予定していた講座は軒並み中止、延期。そんな中、2020年3月29日、WAM事業の最後になる広島県尾道市での講座は、「延期でなく、なんとかしてやりたい、絶対会いたい」との思いに引っ張られて、オンライン（ZOOM）での実施を試みました。そのためにオンライン講習の練習をして臨みました。「尾道講座」の枠を飛び越えて全国各地からの参加者で学びました。この試みが「学童保育×OT連携」の次の扉を開いてくれることとなりました。OTたちの注目する「やりたい！」のパワーは本当にすごい。先がまったく見えなかったあの時でさえ、「やりたい・会いたい」パワーが次の活動をつくりました。

助成金が終了し、新型コロナウイルス感染症で動きがとれなくなった2020年度。では、オンラインだ！　5月末からオンラインで「OTにIT（会いてぇ～）」がスタートしました。毎週火曜日の夜21時、多くの作業療法士、学童保育関係者、さらには、理学療法士、言語聴覚士、社会福祉士、保育士、教員、助産師、保健師、子どもに関わる多くの専門職が集い、学ぶ機会を生み出してます。その中から、この本は誕生しました。

今後も、どんどん社会は変わっていくでしょう。どんなに変わっても「一人ひとりの幸せをかなえる！」を忘れなければ大丈夫です。「学童保育×OT連携」で広がったネットワークを力に知恵やアイディアを出し合い、アクション！　地域に作業療法士が当たり前にいて、子どもたちを支援している社会はもうすぐそこに。

＊この取り組みはhttps://www.facebook.com/otgakudou　地域でチームで長い目で～学童保育作業療法士連携のFacebookページで見ることができます。
＊「OTにIT(会いてぇ)」facebookグループもあります。

学童保育×作業療法士連携事業のあゆみ

2015年	岡山県障害児の受け入れ調査
2016年	岡山県備中県民局協働事業①
2017年	岡山県備中県民局協働事業②　津山市協働事業① 岡山県備前県民局協働事業① 福祉医療機構社会福祉振興助成事業（WAM助成事業）① ※倉敷市　OT資格者の職員配置
2018年	岡山県備中県民局協働事業③　岡山県備前県民局協働事業② WAM助成事業②　橋本財団助成①（地域OT育成） ※岡山県放課後児童クラブ学びの場充実事業（岡山県）
2019年	WAM助成事業③　橋本財団助成②（地域OT育成） 第14回マニフェスト大賞、部門ノミネート ※「巡回アドバイザーの配置」（厚生労働省）OTの活用も可能 ～新型コロナウイルス感染症禍―オンラインの活用へ
2020年	橋本財団助成③（地域OT育成） 第15回マニフェスト大賞「優秀政策提言賞」受賞

Chapter 3

「学童保育×作業療法」コンサルテーション入門

八重樫貴之（帝京平成大学健康メディカル学部作業療法学科）

学童保育における作業療法コンサルテーション

1 コンサルテーションとは

近年、利用児が増加している学童保育は、小学校で過ごす時間よりも学童保育で過ごす時間が多いと報告されていて、多くの小学生が「生活」と「遊び」を通じて、自分自身を成長・発達させる重要な場所になっています。そのような学童保育には、自閉スペクトラム症（ASD）や注意欠如・多動症（ADHD）などの発達障害のある子どもたちも通ってきていますが、その子どもたちはさまざまな発達特性を抱えていて、友だちとうまく遊べなかったり、静かにしなければならない場面で走り回ったりしてしまいます。そのような子どもたちの行動には、必ずその背景や理由があります。

作業療法士は学童保育でのコンサルテーションを通じて、子どもの行動の背景や先生方の子どもへの声かけの仕方、学童保育で日々繰り広げられている遊びの内容、学童保育の環境などさまざまなポイントを評価します。そして、その子どもたちの行動や思い、先生方がもっている子どもへの思いを、双方に理解しやすい形に翻訳して伝え、子どもが子どもらしく育っていく学童保育を指導員と一緒につくっていくのが、この学童保育・作業療法コンサルテーション事業の本質なのではないかと考えます。

ここからは、実際に作業療法士が学童保育でコンサルテーションを行う時に必要となるスキルや知識を説明していきたいと思います。

2 今なぜ、作業療法士が学童保育で求められているのか

学校や学童保育、幼稚園や保育園には小児・発達分野の専門家として、作業療法士以外にも理学療法士・言語聴覚士・公認心理士（スクールカウンセラー）などさまざまな

業種が関わっています。その中でも、学童保育と作業療法は親和性が高く、2016年から始まった作業療法士による学童保育コンサルテーション事業で、多くの作業療法士が学童保育に赴きコンサルテーションを行っています。そのコンサルテーションの現場で指導員たちの支援を行い、多くの成果がこの本で発表（Part 1 コンサルテーション20事例から学ぶ）されています。

それでは、なぜ学童保育と作業療法にこのような親和性があったのでしょうか。学童保育は子どもたちが長い時間過ごす「生活」と「遊び」の場です。作業療法士は当たり前ですが、「作業療法」の専門家です。一般社団法人日本作業療法士協会によると「作業療法」は以下の通りに定義づけられています。

> 作業療法は、人々の健康と幸福を促進するために、医療、保健、福祉、教育、職業などの領域で行われる、作業に焦点を当てた治療、指導、援助である。作業とは、対象となる人々にとって目的や価値をもつ生活行為を指す。

他の専門家はあくまでその分野の小児・発達分野の専門家であるので、訪問やコンサルテーションを行った際に、その分野の専門家の視点からその子どもを評価して、その状況を向上させるアドバイスを行います。例えば、理学療法士は身体機能を中心にアドバイスを行います。確かに、作業療法士のコンサルテーションにそのような点がないとは言い切れませんが、作業療法士のコンサルテーションの本質はそこではありません。

作業療法士が行うコンサルテーションの本質は、学童保育で行われている「生活」と「遊び」を目的や価値をもつ「生活行為」として捉え、対象の子どもだけではなく、その子どもに関わる指導員、その子どもと一緒に生活して遊んでいる子どもたち、日々繰り広げられているさまざまな遊びや生活、学童保育内の住環境など、学童保育を一体として捉えてコンサルテーションできることにあると思います。

小児病院や発達センターに勤務している小児・発達領域が専門の作業療法士のみが、この視点をもっているのではなく、すべての作業療法士が学童保育の「生活」と「遊び」を目的や価値のある生活行為と捉えて、コンサルテーションする力をもっていると私は考えます。ですので、対象となる子どもの行動の背景を身体機能や認知機能面だけではなく、遊びの内容、学童保育の環境からトータルに評価し、その子どもが子どもらしく育っていくには何が必要か、指導員と一緒に考えていくという作業療法士らしいコンサルテーションを行うことで、指導員に支持を得たのではないでしょうか。

3 コンサルテーションとは

ブラウン（Brown）らは、図１のようにコンサルテーションを定義づけています。ここでいう「コンサルタント」は作業療法士で、「コンサルティ」は学童保育の指導員、「クライアント」は対象となる学童保育の子どもたちを指します。

「コンサルタント」と「コンサルティ」という表現だと、「コンサルタント」のほうが立場は上のように感じてしまいますが、作業療法士は「作業」を用いて子どもの発達を支援する専門家、指導員は「生活」と「遊び」から子どもの発達を支援する専門家であるので、立場に違いはありません。ですので、学童保育でのコンサルテーションは、それぞれの専門家同士が対象となる子どもについて、一緒に考えていくというスタンスが必要になってきます。

1. コンサルタントとコンサルティとの間で問題や課題を解決する過程のこと
2. コンサルタントとコンサルティとの間において、さまざまなレベルを用いたコンサルテーションによって進められる協働作業のこと
3. コンサルタントとコンサルティには、双方において様々な領域における専門家や非専門家が含まれていること
4. コンサルタントは、コンサルティ自身がコンサルテーションの技能を習得できるように直接的な支援を行うこと
5. コンサルタントは、コンサルティを通じて、クライエントへ間接的な援助やサービスを提供することから「コンサルタント、コンサルティ、クライエント」との間に三者関係が存在すること

（Brown,Pryzwansky,&Schulte,1995）

図１）コンサルテーション

4 直接支援と間接支援

この本を手に取っている多くの作業療法士は、普段職場で作業療法の対象者に直接支援を行っていると思います。回復期リハビリテーション病院の作業療法士であれば、入

院している患者さんがリハビリテーション室に来てそこでリハビリを行いますし、発達センターの作業療法士であれば、発達センターに子どもと保護者が来所して、子どもがトランポリンで遊んだり、お箸の使い方の練習を行ったりしています。その時、作業療法士は直接患者さんや子どもに関わり、作業療法士が評価から作業療法計画を立案し、その作業療法のプログラムを実施していきます。この支援は直接支援になります。

その一方で、学童保育での作業療法コンサルテーションでは、基本的に作業療法士は直接子どもに関わりません。学童保育に伺って、授業参観の時の保護者のように第三者として学童保育を非参与観察します。この時、自分の気配をできるだけ消して、子どもたちの遊びの邪魔をせず、学童保育にある置物のように溶け込みながら子どもや遊び、環境を評価します。そして、その評価結果から考えられる子どもの行動や困りごとの原因やその背景を指導員に伝え、日々の保育の中で指導員が実践しやすい声かけの仕方や遊びの内容、そして、学童保育内の家具の配置を変えるなどの環境調整を一緒に考えていきます。ここでは、あくまでコンサルテーションの後に子どもに関わるのが指導員であるので、作業療法士は指導員が理解しやすいようにできる限り専門用語は使わず、一般的な表現を用います。

例えば、作業療法士であれば一般的な表現である「前庭感覚」や「固有感覚」は、「身体の揺れや加速を三半規管で感じること」や「筋肉が伸びたり縮んだりすることを感じること」などの表現にするとわかりやすいと思います。また、小児・発達領域の作業療法士は感覚統合の視点で子どもを評価して、「前庭系が低反応なので、ブランコなどの揺れ遊具で遊んでもらいたい」と考えがちですが、最近の公園にはブランコがないことが多く、そのような遊びを提案しても指導員から「難しいです……」と言われてしまうか

図2）間接支援

もしれませんので、学童保育の環境や遊びの内容を評価しながら、その学童保育で実現可能な遊び方や配置換えなどの環境調整を提案するようにしています。このように作業療法士が直接支援しないので学童保育コンサルテーションでは間接支援になります。

5 知識の伝達やマネジメント

学童保育にコンサルテーションに行くと、そこで行われている豊かな遊びに毎回驚かされます。子どもたちが生きいきと遊び、そして、生活している場をつくっている指導員は、まさに「生活」と「遊び」から子どもの発達を支援する専門家です。その専門家である指導員に、より「生活」と「遊び」が充実するためには、何の知識が必要か考えて伝えることが大事だと思います。

指導員が感覚統合のセラピストになる必要はないので、感覚統合の専門的な知識などは伝える必要はないのではないでしょうか。感覚統合の視点から子どもの行動の背景を説明したい場合、例えば感覚の過敏さや感じにくさなどは、一般的な表現に直して伝える必要があると思います。

しかし、その一方で発達障害の知識については、基礎的な内容をお伝えしてもよいのではないかと思います。自閉スペクトラム症（ASD）や注意欠如・多動症（ADHD）などの発達特性の知識は、その時困っている子どもの行動の背景を理解するのを助けるだけでなく、これから出会う多くの子どもたちに当てはめて考えることができるからです。

今まで、「なんでこんな困った行動をするの……」と思っていた子どもの行動が、「発達特性があるから、こういう行動をしてしまうんだな」と指導員が考えるようになることは、子どもにとっても指導員にとっても、学童保育でその子らしく生活していくことの一助になるのではないでしょうか。

また、ADHDの子どもに処方されることが多いストラテラやインチュニブといった薬剤についての知識は、医療的な知識がベースとなる作業療法士は詳しいので、薬理や効能については伝えたほうがいいと思います。

6 コンサルテーションの基本的な考え方と方法

1 コンサルテーションに必要な基礎知識

学童保育で作業療法士がコンサルテーションを行うためには、ある程度は小児・発達領域の知識は必要だと思います。しかし、子どもを評価する際に筋緊張や姿勢保持、物の操作等の身体機能、認知機能、対人社会・コミュニケーション技能などは、作業療法を実践する際の基礎知識で十分対応できると思います。より専門的なコンサルテーションを行いたい場合は、感覚統合の専門的な知識は持ち合わせていたほうがいいとは思いますが、必須の知識ではないと思います。それよりも、学童保育での「遊び」を作業分析できる知識、学童保育内の環境を評価できる知識が必要になります。

また、子どもの行動を理解する上で必要な知識としては、自閉スペクトラム症（ASD）や注意欠如・多動症（ADHD）などの発達障害の知識は必要になってきます。子どもの行動は、身体機能や認知機能だけでなく、こだわりや多動などといった発達障害の発達特性が背景となって、その行動を引き起こしていることが多いからです。

● 感覚の問題について

感覚統合理論の専門的な知識は持ち合わせていなくともコンサルテーションを行うことはできますが、感覚の問題については知識が必要になってくる場合があります。それは、感覚刺激に対する異常反応が自閉スペクトラム症（ASD）である子どもの80％以上に見られると言われているので、学童保育にコンサルテーションに赴いた場合に対象となる子どもたちの多くは、感覚の問題を抱えていると考えられるからです。

現在、感覚刺激への反応の様式は、以下の４つの様式があると考えられています。

感覚過敏	感覚回避	低反応	感覚探求
赤ちゃんの泣き声を嫌う、他児との接触を嫌がるなど。	偏食が酷く食べられるものが決まっている、コットン100％のTシャツしか着ないなど。	触れられても反応しない。目が回らない。痛みを訴えないなど。	爪や物を噛む、ブランコに乗り続ける、トランポリンが異常に好きなど。

図３）感覚刺激の４つの様式

例えば、遊園地でジェットコースターがあったとします。感覚過敏な人は、ジェットコースターに乗ることはできますが、「ギャーーーー！！」と大きな声を出して、降りた後は気持ち悪くなってしまいます。感覚回避な人は、絶対に乗りません。低反応な人は全然怖がらずケロっとしていますし、感覚探求な人は何回も乗りたがります。このように、感覚の感じ方の違いや感覚刺激への反応の様式の違いにより、人間の行動は変わってきます。学童保育の子どもたちも遊びや環境からさまざまな感覚刺激を感じ、それに反応して行動しているという視点をもちながらコンサルテーションが行えることは、作業療法士の強みであると思います。

● ABC分析

学童保育でコンサルテーションを行う場合、子どもの行動を「ABC分析」を用いて評価していくと子どもの行動を理解しやすく、また指導員に説明しやすいです。

「ABC分析」とは、応用行動分析（ABA）の理論に基づいた子どもの行動の分析方法のことで、図4のような「ABCフレーム」に当てはめて考えていきます。先行状況（A）、行動（B）、結果（C）の枠組みで考えます。ここでは詳しい説明は避けますので、応用行動分析（ABA）やABCフレームについて詳しく知りたい方は、参考文献を読んでみてください。

図4）ABCフレーム

学童保育で例えると、事前情報での指導員の困りごとが「帰りの会で立ち歩いてしまい、それを注意すると感情的になってしまう」ということだったとすると、図の行動（B）が「帰りの会で立ち歩いてしまう」で、結果（C）が「感情的になってしまう」となります。事前情報の段階では、先行状況である（A）については情報はありませんので、実際に学童保育を訪れた際には、この先行状況（A）を探していくことになります。

この子どもの場合は、学童保育で観察を続けていくと、「友だちをたたいてしまう」「大きな声をだす」などの気になる行動が見られました。その後、さらによく行動を観察するとおやつの場面で、お菓子のカスが手につくのを気にして手を何回も払っていたり、もう冬なのに半袖短パンで過ごしていたりと、触覚の過敏さが疑われる場面が何度もありました。

そこで、図5のように先行状況（A）を「触覚過敏」と考えると、この子どもの行動が理解しやすくなります。「帰りの会で立ち歩く」「友だちをたたいてしまう」などの行動の原因として触覚の過敏さがあり、帰りの会や友だちとのやりとりの中で距離が近くなってしまう。そして、身体に触れられたりすると過敏な反応として、その場から離れようとしたり、友だちをたたいてしまったり、大声をだしてしまったりするのではないかと考えます。そしてその結果として、注意されると感情的な行動になってしまいます。

問題となっている行動（B）は、感覚の問題だけでなく、身体機能や認知機能が影響しているかもしれないし、発達特性から生じているかもしれません。普段の学童保育の保育場面では、問題となっている行動（B）とその結果（C）に指導員の意識は行きがちです。ですので、作業療法士は客観的な視点で先行状況（A）について「この先行状況（A）であれば、あのような行動（B）をせざるを得ない」と説明し、指導員と状況を共有することが大事なのです。そして、この先行状況（A）を変化させることで、問題となっている行動（B）や結果（C）を生じさせないようなコンサルテーションを行うことが大切になってきます。

図5）ABCフレーム

2 子どもの観察と評価

学童保育で子どもを観察する視点として、図6）の5点を評価できるとよいと思います。それ以外に、図7）の実際に行っている遊び等の作業分析、その際の指導員や他児の子どもへの声かけや関わり方、図8）の生活している学童保育の環境の評価が必要です。

ここで大事なのは、前述の事前情報で得た情報から子どもの行動をABCフレームに当てはめて、子どもの何が背景となっているかという視点から観察することです。友だちとうまくやれていないのは、ASDの対人社会性コミュニケーションの障害からくるのか、ADHDの多動衝動性からくるのか。遊びのルールが守れないのは、そもそも知的に問題があるのでルールを理解できていないのではないか。多動で走り回っているのは、実は姿勢保持に問題があり、身体機能的に止まっていることができないのではないかなどです。

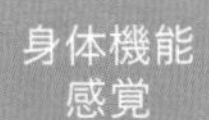

図６）子どもを中心に身体機能、言語・認知機能、対人社会性コミュニケーション、行動・情緒、集団活動を評価

図７）遊びの評価と、指導員の子どもへの関わり方の評価

図８）学童保育の環境を評価

ある程度観察するポイントを決めて観察することは、多様な視点を奪ってしまう怖さもありますが、観察する時間も限られていることから、事前情報を得た時からある程度の予測を立てておくと観察がしやすくなってきます。

● 仮説検証について

ABCフレームで行動の分析をした後は、先行状況（A）が他の行動にも影響を及ぼしていないか、仮説を検証していきます。事前情報で得た困りごとと同じような行動を図9のように保育場面から見つけて、その行動が同じ先行状況（A）からもたらされているか考えます。同じような場面で同じような行動して、同じような結果となっていたら考えていた仮説は多分正しいので、指導員とのカンファレンスでABCフレームに基づいて困っている行動とその背景について説明します。

同じような行動がそのときの観察では見つけられなかった場合は、カンファレンスの最初のほうで、必ず指導員に聞くようにしてください。その際に、仮説と異なる回答であったら、もう一度仮説を考えなおしてみましょう。ABCフレームで子どもの行動を考えるのは、慣れてくるとフレームに沿って子どもを観察できるようになりますので、観察や思考のトレーニングはある程度必要になってきます。

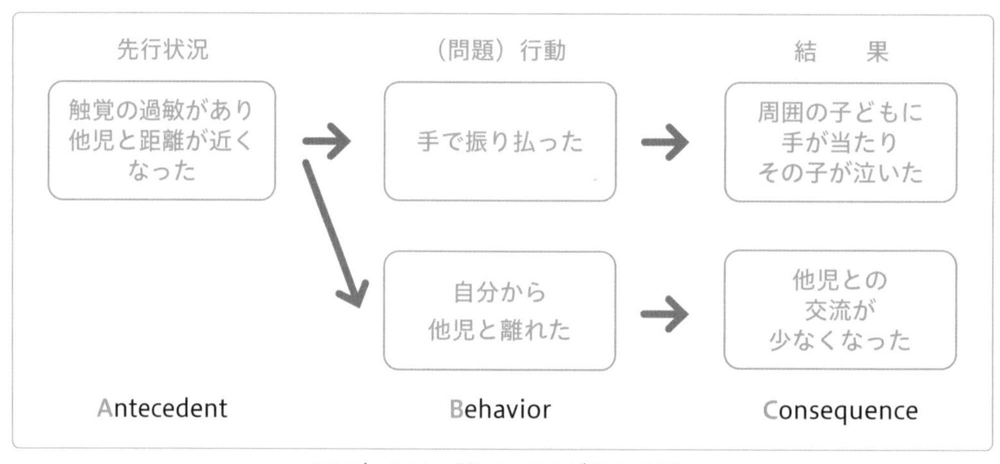

図9）Aは一緒で、BCが異なる図

3 カンファレンス

● 感想を話しましょう

学童保育内での遊びや生活での観察の後は、指導員とのカンファレンスになります。最初に、正直に学童保育を観察した感想をお話ししましょう。多分、みなさんが観察した学童保育の保育場面は、普段の作業療法場面とはまったく異なっていると思います。大勢の子どもたちが生きいきと生活して、楽しそうに遊んでいると思います。それを指導員があたたかく見守っていることでしょう。作業療法士のみなさんが体験したことのない世界が広がっていると思いますので、素直な感想をお話しすることをお勧めします。

● 仮説検証の補完

次に、事前情報や観察中の仮説検証では、不足していた情報を入手し仮説を補完します。また、先行状況（A）が明確である場合は、「こういった場合は、このような行動をしませんか？」と自分の仮説を肯定するような情報を集めるよう先生方に質問をしていきます。

● 先生をほめましょう

最後に、ABCフレームに基づいた子どもの行動の背景を説明していきます。この時は、専門用語を用いないでていねいに説明していきます。この時に大切なのが、主訴である困っていることのみに焦点を当てるのではなく、ABCフレームに基づいて対象となる子どもが適応的な行動、良い行動をしていた時のことをお話しすることです。

例えば、帰りの会で立ち歩いてしまうという主訴があったとします。観察していると、確かに立ち歩いてはいるのですが、常に立ち歩いているわけではありませんでした。実は、座って話を聞いている時は、指導員がよくその子どもに「しっかり座っていますね」「○○くんはどう思いますか？」などと声かけをしていました。その声かけがある時は、しっかりその子どもは座っていることができていましたが、その声かけがなくなったり、指導員がその子どもに注目をしなくなった途端に立ち歩き始めるという状況でした。このような時は、ABCフレームに当てはめて考えると、先行状況（A）は「指導員が声かけや注目をしなくなる」ということなので、指導員に「その子に常に注目をしていましょう」というようなアドバイスをしたくなるかもしれません。しかし、そのようなアドバイスは、その時の指導員の子どもへの関わり方を否定してしまうことになってしまいます。

コンサルテーションの目的はあくまで指導員の支援になりますので、このような時は「○○君は帰りの会で立ち歩いてしまっているとのことでしたが、半分以上は座っていましたね。指導員が上手に声かけをしていると座り続ける力があるのですね」というような、指導員の子どもへの関わりをほめて、指導員の関わり方を正当化するようにするとよいと思います。その後、「確かに後半は立ち歩いていましたね。指導員が帰りの会の司会のほうに注意が向いて、○○君に注意が向かなくなると立ち歩いてしまうようでしたので、どうしたら立ち歩かなくなるか一緒に考えてみましょう」というような話し方をしていくのがよいのではないでしょうか。

● 指導員の力を借りる

指導員は「生活」と「遊び」の専門家です。カンファレンスでは、その「生活」と「遊び」の専門家である指導員の力を借りましょう。ABCフレームで考えた先行状況（A）を遊びで変化させたい時に、作業療法士は遊びの要素を指導員に伝えます。そうすると、その学童保育で実現可能な豊かな遊びや活動を指導員が考えて実行してくれると思います。

作業療法士が「ブランコに乗せてください」と話しても「近くの公園にはブランコはありません」となってしまいがちですが、「身体が大きく動いたり、姿勢が変わったりする遊びや活動を多く行いたいのですが、何かありますか？」と指導員にお話しすると「最近、寒くなってきたから、おしくらまんじゅうはどうでしょうか」「掃除当番の時に、ぞうきんがけをやらせましょう」など、一緒に具体的な案を考えることができると思います。

4 アフターフォローについて

カンファレンスで合意した内容を指導員内で共有してもらい、日々の保育の中での関わり方や遊び方を実践してもらいます。ですので、日々の保育で実践しやすい内容の遊びや活動、環境調整のアドバイスが必要となってきます。

コンサルテーションのまとめとして、できれば３か月に一度くらい、簡単でいいので、アフターフォローの連絡を取り合うことをお勧めします。作業療法士としてもアドバイス内容の効果の検証ができますし、指導員も遊びや活動の内容が正しく効果が出ているか確認ができるからです。こ

こで、アドバイス内容を実際の保育場面で実施することが難しい場合は、どのようにしていけばいいか再度カンファレンスを行います。

5 作業療法士のみなさん、地域にでましょう。学童保育に行きましょう！

小児・発達領域の作業療法士は全体の約2.5%と言われているので、ほとんどの作業療法士は、そのキャリアを子どもたちと関わらずに終わっていくことでしょう。しかし、作業療法士は学童保育で日々繰り広げられている「生活」と「遊び」を意味のある生活行為として捉えることができる唯一無二の職業です。

作業療法士のみなさん、地域に出ましょう。学童保育に行きましょう！

〈参考文献〉

・日本作業療法士協会学術部学術委員会「作業療法の定義を定時社員総会で承認」『日本作業療法士協会誌』77・78：8-9, 2018.

・Brown, D., Prywansky, W. B., & Schulte, A. C. (1995):Psychological consultation: Introduction to theory and practice . Boston : Allyn & Bacon

・Dunn W (1997):The impact of sensory processing abilities on the daily lives of young children and their families: A conceptual model. Infants and Young Children, 9(4), 23-35.

・井上雅彦監修『子育てに活かすABAハンドブック——応用行動分析学の基礎からサポート・ネットワークづくりまで』日本文化科学社、2009.

Chapter 4

「学童保育×作業療法」コンサルテーションの実際

森川芳彦（専門学校川崎リハビリテーション学院）

学童保育と作業療法士連携の実際

作業療法士（以下、OT）が地域でコンサルテーション（以下、コンサル）を始めるにあたってどのような準備が必要なのか、コンサルはどのように進めていくのか、コンサルを実施する上でのポイントなどについて述べたいと思います。地域といっても、保育園・幼稚園、学校など、いくつかありますが、ここでは放課後児童クラブ（以下、児童クラブ）のコンサルについて述べたいと思います。

児童クラブでは、発達障害の診断を受けた子どもや発達の気になる子どもが在籍しており、放課後児童支援員（以下、支援員）は自分たちの支援に自信をもてないでいる現状があります。そのため、外部の専門家にコンサルを依頼するケースが増えてきており、OTは専門家として派遣依頼されるようになってきました。まずは、コンサルを始めるにあたって準備すべきことからみていきましょう。

〔お互いのことをよく知るために〕

OTが初めて児童クラブから派遣依頼を受けた場合、いきなりコンサルを実施してもよいですが、これは玄人的なやり方であると思います。お互いにどのような仕事をしているのかわからないと、支援員はOTに対して何を相談すればよいのか見当がつきにくいでしょう。またOTも、どのようなことで困っているのかわからないと、OTの専門性で対応可能なことなのか、不安に感じることでしょう。

支援員は、OTが病院や施設で働いており、病気やけがをした人に対してリハビリをする専門家であるという認識をもっていると思います。しかし、支援員によってはOTが発達障害児も対象にしているという認識がないことがあります。またOTのほうは、児童クラブは保護者が共働きの場合、放課後に子どもを預かってくれるところといった程度の知識であり、どのような仕事をしているのかについて具体的に知らないことがあります。

講師ができる程度のスキルのあるOTであれば、コンサルを始める前の準備として、お互いの仕事の範囲を知るために、事例についての勉強会から始めるとよいでしょう。支援員の困りごとを事前に聴取しておき、発達の気になる子どもに対するOTの見立て（アセスメント）や支援方法について支援員に知ってもらいましょう。このような勉強会の開催は、支援員のニードにかなうことです。また、その中で、支援員からさまざまな質問があり、支援員がどのようなことで困っているのか、その生の声を聞くことができ、児童クラブの現状を知ることができます。同時に、発達領域のOTの仕事内容や役割についても説明するとよいでしょう。このように、お互いの仕事をある程度知った上で、児童クラブに訪問すると現場に入りやすいと思います。

それではコンサルの流れに沿って、各過程についての説明をしていきましょう。

1 コンサルの流れ

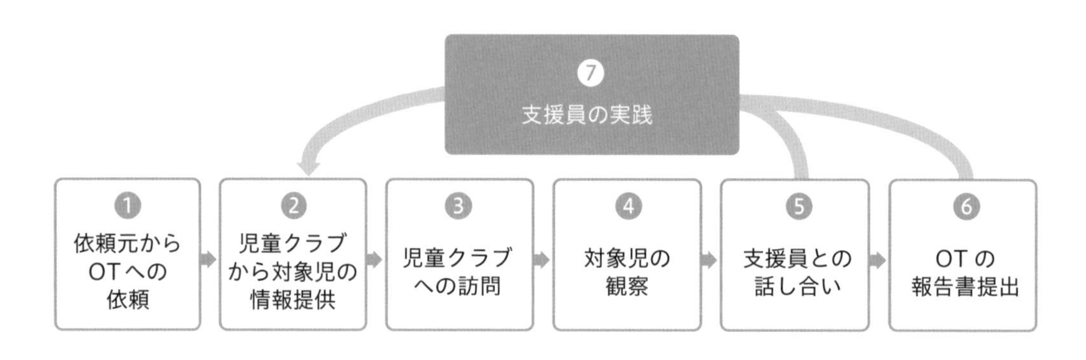

1 依頼元からOTへの依頼

依頼元は、児童クラブの民間団体や自治体の子育て支援課などから依頼を受けることがあります。OT個人に依頼されることもあれば、都道府県の作業療法士会（以下、士会）を介してOTに依頼される場合もあります。依頼があった場合には、OTとして地域に貢献するチャンスだと思って、前向きに検討するとよいでしょう。また、支援員の相談事に真摯に向き合うことによって、結果的にOT自身のスキルを高めることにつながります。

OTの派遣にあたっては、依頼元、もしくは所属する士会から派遣依頼文書を所属長宛、または個人宛に送付してもらうことになるでしょう。派遣依頼文書があれば、所属長や部門長の承諾も得やすく、業務の一環として認めてもらいやすいと思います。また、その文書はOT自身の地域貢献の証にもなります。

2 児童クラブから対象児の情報提供

OTが児童クラブに訪問する前に、事前情報シートへの記載を支援員に依頼するとよいでしょう。この事前情報シートは、対象児の状態を把握するためのものですが、それだけでなく、支援員の支援の現状を把握する上でも大切な情報源になります。

一般社団法人岡山県作業療法士会で用いている事前情報シートの書式を別紙1に例示します。この書式は、あくまでも参考例ですので、コンサルを行う上でOTが必要だと感じる項目を選択するとよいでしょう。支援員は忙しい中で記載することになるため、OTが詳しく知りたいからと言って、あれもこれも盛り込みすぎないようにしましょう。OTがもう少し知りたいと感じることは、当日のコンサル時に支援員に質問して補うとよいでしょう。

別紙1）

記入日　　　年　　月　　日

初回事前情報シート

クラブ名 ＿＿＿＿＿＿＿＿＿＿　　記入者氏名 ＿＿＿＿＿＿＿＿＿＿

対象児： （氏名は匿名化しA・B・Cで表わす）	性別：　男　・　女	学年：　　年生
障がい名：	在籍学級：通常学級・特別支援学級（情緒・知的）・通級	
【クラブの方針】大切にしている理念など		
【1日の流れ】時間帯も記載	【発達検査の結果】 【服薬】	【福祉サービスの利用】 有　・　無 【療育手帳】 有　・　無
【対象児の特徴、クラブでの様子、Good pointなど】		
【自宅・学校での様子】		
【困りごと】対象児、支援員、保護者など		
【現在行っている支援】		

※1人につき1シートを使用する。

※わかる範囲で記載する。

それでは、事前情報シートのいくつかの項目を概説したいと思います。

- **対象児**：個人情報に配慮して匿名化しましょう。
- **クラブの方針**：児童クラブがどのような理念に基づいて、普段の保育をしているのかについて知ることができます。
- **一日の流れ**：対象児の特性によっては、現在のスケジュールが合っていない場合もあります。その際、一日の流れを一部分変更すると、支援がうまくいく場合もあります。例えば、多動傾向の子どもは、来所後すぐに宿題をするよりも、ひとしきり十分に身体を使って遊んだ上で、宿題をしたほうが集中しやすい場合もあります。
- **診断名、服薬**：対象児が病院受診をしている場合には、これらの情報を知ることができます。診断名から子どもの特性をおおまかに推察できます。おおまかにと述べたのは、同じ診断でも、子どもによって特性の程度に違いがあるためです。また、OTは服薬の種類や量をどうこうすることはできませんが、服薬の種類から子どもがどのような状態であるのか推察できます。ADHD薬を服薬している子どもであれば、夕方に効用が軽減してしまい、問題行動につながりやすいのかなど、貴重な情報源になります。
- **福祉サービスの有無**：放課後等デイサービスの利用がある場合には、訪問当日、その療育の内容についての情報も聞いてみると、子どもの理解に役立つでしょう。場合によっては、支援員を介して療育機関との連携も視野に入れるとよいと思います。
- **対象児の特徴、クラブでの様子、Good pointなど**：対象児がどのようにクラブで過ごしているのか、支援員や他児との関わりはどうかなどの情報がつかみやすいです。対象児のGood pointについては、どんな遊びが好きか、得意なことはあるのかなどの情報を得ておくと、支援につなげられる場合があります。
- **自宅・学校での様子**：児童クラブでの困りごとが自宅や学校でも同じように起きているのかについて知ることができます。支援員が保護者や学校とのつながりが薄い場合には、この覧の記載は少なくなります。
- **困りごと（対象児、支援員、保護者など）**：支援員の困りごとの記載が中心になります。あらかじめ具体的に記載してもらうように依頼しておくとよいでしょう。もし、対象児本人の訴えや保護者のねがいがあれば挙げてもらいましょう。対象児を解釈する上で参考になると思います。
- **現在行っている支援**：OTは支援員がどのような支援を行っているのか知ることができます。その支援に対する対象児の反応についての記載があれば、その情報も子どもの理解につながるでしょう。
- **支援員の目標（なってもらいたい姿）**：支援員の子どもに対する希望や期待が表れてい

るところです。OTが支援員のニードに応えるために、その目標を念頭においてコンサルを実施します。ただ、子どもの現状と目標とが合っていない場合がありますので、コンサル当日に子どもの状態をみて、支援員と話し合いながら目標を修正することがあります。

支援員から事前情報シートを受け取ったら、しっかりと内容に目を通しましょう。そして、そのシートからくみ取れる範囲で、子どもの状態を把握し、行動の原因や心理面などを推察しましょう。また、コンサル当日に確認したいことを書き留めておきましょう。

２回目以降の事前情報シートは、OTのアドバイス後、対象児との関わりや環境面での工夫、心がけていることなどの記載覧を設けるとよいでしょう。OTはコンサル後、アドバイスが支援員にどのように日々の保育で生かされているのかとても気になるところです。この部分の内容によっては、OTの説明が十分であったか、説明が足りなかったのかの判断をすることができます。

また、対象児の変化についての記載覧もあるとよいでしょう。行動の変化があれば、OTはアドバイスの方向性が適切であったと感じることができます。もし変わっていなければ、アドバイスの内容について変更が必要かどうか再考することになります。

3 児童クラブへの訪問

児童クラブによって規模が違い、数クラスあるところもあれば、１クラスしかないところもあります。１クラスの児童数は何人いるのか、そのうち発達の気になる子どもは何人いるのか、支援員は何人いるのかなど、差し障りのない範囲で情報をもらいましょう。発達の気になる子どもが多い場合には、後々、支援員のマンパワーを考慮して支援方法を提案しなければなりません。

また、部屋の広さとそのクラスの全体の児童数も確認しましょう。クラスの全体の児童数が多く、かつ児童数に対して部屋の広さが狭ければ、かなり人口密度が高い状態といえます。このような状況では、個人のパーソナルスペースが狭くなり、感覚に過敏さのある子どもにとっては、とても過ごしにくい環境であることが想像できます。

児童クラブがどのような設置状況なのかを確認することも重要なポイントです。学校

の敷地内にあるのか、敷地外にあるのかなども把握しましょう。敷地内の場合、学校の教室を間借りしているのか、校庭に別棟があるのかなどについても注目するとよいでしょう。教室を間借りしている場合には、学校のルールに従わなければならないため、クラブの都合に合わせて環境を変えることができないといった制約が生じるでしょう。その反面、学校内にあるために、担任の先生との情報交換やその日の子どもの様子を把握しやすく、子どもの調子に合わせて関わりやすいといったメリットがあるでしょう。また、遊び場ということからすると、敷地内にあったほうが、校庭の遊具を使って遊ぶことができるので、この点においてはメリットになるでしょう。

訪問開始時には、対象児の近況や支援員が対応に困っていることについて担当者と簡単にやり取りしましょう。対象児の様子を観察する際に、どういうところを見てほしいのかについて、支援員にあらかじめ希望を聞いておくと、ある程度ポイントが絞れるので観察しやすいでしょう。時に支援員から「クラスを全体的に見て、気になることがあれば、なんでも挙げてください」といったことを依頼されることがあります。このようなおおまかな依頼については、避けたほうがよいかもしれません。なぜなら、コンサルの時間は限られており、観察の中からアセスメントを深める必要があるからです。したがって、あらかじめOTに見てほしいことについて、支援員の希望を出してもらうようにしましょう。

4 対象児の観察

児童クラブのスケジュールに合わせて、対象児の見学を行います（表1）。この時には、事前情報シートや当日に支援員から口頭で聞いた対象児のイメージと、目の前の子どもの様子とを照らし合わせながら観察します。これはOTがアセスメントを深めていく過程になります。

全体のコンサルの時間が限られている場合には、来所から帰宅まですべての場面を観察できません。支援員の希望に沿って、子どもの生活場面や支援員の保育の様子を観察することになります。

表1に各場面の観察点の例示を挙げます。

それぞれの場面で、対象児がどのように支援員や他児と関わっているのかについて、言語的・非言語的な側面を観察しましょう。もし、他児とのトラブルがあった時には、

表1）スケジュールごとの観察点の例

スケジュール	場　面	状　態
来所	対象児の様子、機嫌	ハイテンションである、大人しい、イライラしている、落ち着いている
	物品や荷物の状況	下駄箱・ロッカーの中が整理整頓されている、乱れている
宿題	机や椅子の環境 ・長机で床面での座位 ・教室にあるような机・椅子 ・机・椅子の高さ	姿勢がよい、崩れている
	他児との席の配置 ・他児と向かい合わせ ・他児の距離が近い ・一つのテーブルを数人で囲む	他児にちょっかいをかける、お互いに影響し合っている
	部屋の中での席の配置 ・窓側の席 ・空きスペースや部屋のコーナーの席	窓側の席で、外の様子が気になる 比較的落ち着いている
	持ち物の状況 ・ランドセル、手提げ袋、筆箱	整理整頓されている、乱れている
	書字の状況 ・ひらがな、カタカナ、漢字	文字の大きさ、バランスがよい 筆圧が適切である
おやつ	配膳の手伝いの様子	率先して行う、協力的である
	他児との関わり	やり取りできる友だちの存在がいる
	食べている時の様子	好き嫌いがある 小食である、食事のペースが遅い 行儀がよい（いただきますが言える、こぼさずに食べている、姿勢が崩れる）
自由遊び	外遊び、室内遊びの様子	活動性がある 興味ある遊びがある 身のこなしがよい、手先が器用である 他児との関わりがある ルールや順番を守ることができる 遊びの終了時の切り替えがよい
帰宅	対象児の様子・機嫌	ハイテンションである、大人しい、イライラしている、落ち着いている
	保護者との関わり	コミュニケーションをよくとっている 遊びや活動の切り上げがよい

その時の対象児の様子（言葉で訴えているか、暴言・暴力があるか）、支援員の対処の様子を見ましょう。可能であれば、クールダウンの方法、クールダウン後の様子、出来事の振り返り時の様子なども観察するとよいでしょう。とくに出来事の振り返りができていれば、対象児と支援員との関係性の深さを確認することができます。

この他にも、対象児のGood pointについては支援の切り口になりますので、OTは必ず探すようにしましょう。同時に、支援員の保育のGood pointにも注目するようにしましょう。支援員は、往々にして、すでに良い保育を実践しています。支援員の自信づけのためにも、普段の保育内容をしっかりと観察しましょう。

5 支援員との話し合い

クラブによって支援員は少ない人数で保育をしており、非常に忙しくされています。そのため、子どもがおおむね帰宅してから支援員との話し合いの時間になることが多いです。話し合いに臨む際のOTの支援員に対する態度も重要です。支援員は、これまで試行錯誤しながら子どもを支援してきています。支援員の子どもの見立てがよくない、支援の方法が子どもの特性に合っていないからといって、これまでの支援を否定しないようにしましょう。どのように支援すればよいかわからないからOTに依頼しているのであって、OTは支援員の理解が得られるように説明しましょう。

また、外部の専門家を招いて、自分たちの保育を見てもらうのは、非常に勇気のいることであり、支援員はコンサルを契機に何かを変えたいという思いがあることを念頭においておきましょう。したがって、OTは支援員の普段の保育の良い支援を見つけて、肯定的フィードバックを返すことが大切です。第三者からのほめ言葉は、支援員にとってとても励みになるようです。OTのコンサルを受けた感想に「明日からの保育を頑張れる活力になった」というコメントを聞くことがあります。

佐野伸之ら（2019）はOTのコンサルによって、支援員が専門的な新しい視点や知識を知ることで、支援員の子どもへの関わりの変化につながったと述べています。これは支援員が子どものとる行動の理由を知り、普段の保育をもっとよいものにしたいと思っている現れであると考えます。OTは発達障害児の特性を知っており、それに基づいて説明することで、支援員の理解を得ることができます。

また、OTは発達の過程、ゲゼルやピアジェ、エリクソンなどの発達理論やエアーズの感覚統合理論、応用行動理論について知っており、それらの理論に基づいて子どもの行動を解釈することができます。このような知識を習得しているということは、OTにとっては非常に強みです。例えば、感覚統合理論に基づいて、子どもの聴覚や視覚、触覚などの過敏さについて説明することができます。また、呼ばれても気づかない、触られてもわからないなどの気づきにくさや落ち着きがない、乱暴にみえるといった行動の原因についても述べることができます。

他にも、OTは子どもの姿勢やバランスの問題、不器用であることの原因についても掘り下げて考えることができます。支援員は発達の気になる子どもに対する支援が適切であるのか、時に心配に思うことがあるようです。OTが支援員の支援について、OTの視点で理屈づけをすることで、支援員は日々の保育に自信がもてたとの感想が聞かれることがあります。これについては、森川孝子ら（2018）が、支援員へのインタビューの中で明らかにしています。

支援の方法は、その児童クラブでできそうなことであるかどうかを考えて、アドバイスをする必要があります。クラブの現状に即していないアドバイスは、具体化することが難しく、なかなか実践するまでに至らないでしょう。OTはクラブの人的・物的環境、個別支援に対する保護者の理解などを勘案しながらアドバイスをする必要があります。

個別に支援をする場合、支援員は他の子どもとの公平性も気になるようです。個別に支援が必要であるということがわかっていても、その子だけの支援となると、他の子どもがどう思うのか、どのように説明すればよいのか悩むようです。安価なグッズであれば、使いたい子どもが使えるように取り扱いのルールを決めて共用にしてしまうやり方もあります。例えば、イヤーマフは比較的安価なものなので、１クラブに２～３個置いておくと、公平性を保つことができるでしょう。また、OTは他の子どもへの説明としては、誰しも得手不得手があり、対象児にとってはこのやり方であれば、クラブで過ごしやすくなるということを支援員に伝え、支援員から子どもたちに説明してもらいましょう。

話し合いでは、支援員とOTとで相談の上、支援の目標を立てることが大切です。初回の事前情報シートをみると、多動傾向の子どもの目標として「じっとしておくことができる」と記載されていることがあります。確かに長期目標としてはよいですが、大きな目標のままでは、短期間での到達が難しい目標になっていることがあります。例えば、そのような子どもの目標であれば、「校庭で、しっかりと身体を動かした後に５分程度、座って宿題ができる」というように、短期目標の立て方を説明しましょう。短期目標は実現可能で、対象児にとっても無理のない内容である必要があります。目標の達成度を確認するツールとして、ゴール達成スケーリング（Goal Attainment Scaling：GAS）、カナダ作業遂行測定（Canadian Occupational Performance Measure：COPM）を活用することができます。

⑥ OTの報告書提出

報告書（別紙2）の役割は、支援員との話し合いの内容を議事録として残すといった意味合いだけではありません。話し合いでは、たくさんの意見交換がなされます。支援員にとっては、初めて聞くような発達に関する専門的な知識もあり、話の流れの中で情報を整理して、理解することが難しいこともあります。コンサル後に話し合いの内容を報告書にしてわかりやすくまとめることで、さらに子どもの理解につながるといった役割を果たしています。

報告書として残しておくことで、対象児の言動の経時的な変化や支援員の支援の変化を後から振り返ることができます。また、OTは次回の訪問前に、前回の報告書を読み返し、記憶を呼び戻しておくと、訪問時に子どもの変化に気づくことが容易になります。

さらに、報告書を作成することで、OTは自身の考えを整理することができます。文章表現は適切で理解しやすい内容になっているか、支援員が実践可能な内容であるかなど、自己チェックしながらまとめていきます。書き上げた後に、改めて自分の文章を見返すと、よりよい表現や内容が思い浮かぶこともあります。また、後日になって、この内容も話し合いの時に、支援員に伝えておけばよかったということもあります。そういったことも追加で報告書に盛り込むとよいでしょう。このようにOTにとって報告書の作成は、

別紙2）

記入日　　　　年　　月　　日

報告書（　　　年　　月　　日訪問）

〈○○○児童クラブ〉　訪問者氏名：

【　A君（○年生）】
〈支援員の困りごと、気になっていること、保護者の願いなど〉
行動の原因：

めあて（目標）：

支援についてのアドバイス：

なによりも自己研鑽になります。

報告書の内容ですが、支援員の相談事を簡潔に記載し、OTの見立て（アセスメント）を記載します。すなわち、子どもの行動の原因を述べ、それに対する支援方法を記載します。OTの見立てについては、因果関係の流れ図（フローチャート）で表すと、視覚的に捉えやすくなります。また、報告書を記載する時の留意点としては、支援員の理解につながるように専門用語の使用はできるだけ避けたほうがよいでしょう。専門用語を使用した時には、その用語の解説を加えるとわかりやすいと思います。文章ばかりでなく、状況を表すイラストやグッズなどの写真を入れると、読みやすくなるでしょう。

相談事の内容が、児童クラブだけで収まらず、子どもを取り巻く周囲の人の協力が必要な時には、その人たちのことを念頭においてメッセージを記載するとよいでしょう。例えば、学校の先生、保護者、療育機関の指導員に向けてのメッセージも盛り込むとよいでしょう。このような時には、支援員が連携の基点となります。

7 支援員の実践

支援員は、コンサル後にその内容を支援員間で共有したり、OTのアドバイスを支援のヒントにしたりして、実際に行えそうな支援方法を考えて取り組むことになります。この保育の実践は、早ければ、話し合いの翌日から始まることになります。報告書は、後追いで支援員の手元に届くことになりますが、話し合いの時には理解したようで理解できていなかったことを改めて確認できる書類となります。

このようにコンサルの流れを述べてきましたが、ここで述べたことは、あくまで一例ですので、地域の実情に応じてアレンジされることが望ましいです。

2 発達の気になる子の評価について

地域に出て子どもをみる場合は、病院や施設で使用しているような評価を用いることが難しいです。事前情報シートや子どもの行動観察、支援員からの情報をつなぎ合わせて、対象児の状態を把握し、解釈していくことになります。したがって、OTは発達障害の特性についての知識や生活場面での現れ方などをよく知っておくことが必要になります。また、それらの知識だけでなく、対象児の社会背景にも留意して、推察する力も必要です。

特別な事情により、子どもの状態をさらに詳しく把握したい場合には、支援員や保護者、場合によっては、本人の承諾を得た上で、質問紙（表2）を用いてもよいかもしれません。また、その場合、支援員や保護者に対する負担についても勘案した上で使用する必要があります。評価ツールの中でも、質問紙は比較的簡便に用いることができます。詳しい内容については、各評価の成書を確認してください。

表2）質問紙の例

評価項目	検査名
感覚処理機能	日本版感覚プロファイル（SP）
	日本版感覚プロファイル 短縮版（SSP）
	青年・成人感覚プロファイル（AASP）
行動	日本語版ECBIアイバーグ子どもの行動評価尺度
社会生活能力	S-M社会生活能力検査 第3版
QOL	子どものQOL尺度

3 コンサルを効果のあるものにするために

コンサルは非常に地道な作業であると感じています。放課後児童支援員と作業療法士の仕事に似たところはありますが、専門領域はやはり異なります。OTは別のフィールドに入って活動することになります。相手の文化を知り、それに合わせる力が必要になります。そのうえで、いかにOTの専門性を発揮できるかということであると思います。

また、初めて訪問する場合には、一から人間関係をつくり上げていくことになります。支援員との関係づくりを重視し、支援員の困りごとに傾聴する姿勢が大切です。OTが訪問する以前に、支援員はすでに良い支援をされていることが多いと感じています。これまで、支援員が頑張って支援してきたことを認め、それを言葉にして支援員に伝え、自信をつけてもらう。相談内容によっては、その時に解決策が思い浮かばないこともあります。支援員にわからないことはわからないと素直に伝え、後日改めて支援方法を伝えるといった真摯な態度も大切です。これは、OTのキャリアとは比例しないことであると

思います。コンサルの成功の鍵は、お互いの関係性の上に成り立っていると思います。

コンサルテーションとは、それぞれの専門家同士が協業して、支援方法を考える支援の形態です。そういうことからすると、立場上対等な関係で話し合いがなされる必要があります。OTが発達障害の特性やその支援方法、用いる作業活動のことについてよく知っている専門家であるとすれば、支援員はそれらの情報をうまく取り込んで、子どもと関わることのできる実践家であると思います。

4 これから地域に出ようとしているOTへのメッセージ

地域に出て感じたことですが、一般の方は発達領域で働くOTの存在についてあまり知らないということです。一般の方がこれまで発達領域で働くOTと接する機会がなかったと述べたほうが正確かもしれません。これは、発達領域のOT人口が少ない、所属する病院・施設のスタンスによって地域に出たくても出るシステムが整っていないなど、理由はいくつかあると思います。しかし、発達領域のOTがおしなべて認知されていないかというと、地域により実情は異なると思います。

士会単位で組織的に動いており、すでに地域で十分に貢献しているところもあると聞きます。もし地域に出る機会がありそうな時には、そのチャンスを逃さず、動いてみましょう。はじめから一人で地域に出るのは、どのように動けばよいのかわからないと思います。そのため、依頼者に対して良いサービスが提供できないかもしれません。段階的に経験を積み重ねる方法には以下のような方法があります。

〔OJT（On The Job Training）〕

OJTとはOn The Job Trainingの略称です。新たに入社した新人が、職場において上司や先輩などから、実際の職務を通じたトレーニング、教育を受けることを意味しています。OTの地域支援に当てはめると、経験のあるOTに同行して学ぶということになります。OJTは、時間以外の特別な費用がかからないこと、また職務に即した内容を指導できるというメリットがあります。先輩OTに地域支援をしている人がいれば、自身の希望を伝えるとよいでしょう。

同行が決まれば、これまで説明したコンサルの流れを参考にしていただければと思います。先輩OTと同行して、相談者との関わり方や態度、対象児や環境をみるポイントなど、たくさんのことを学ばせてもらいましょう。話し合いの場面は、先輩OTの視点や解釈がよりわかるでしょう。コンサル後は、自身でもまとめを作成してみましょう。はじめは先輩OTのコメントをまとめるだけでも勉強になると思います。数回、同行する中で、自分の考えも表出することを心がけましょう。後日、まとめたものを先輩OTにもみてもらい、指導をしてもらうとよいでしょう。その際、どのような意図で支援員にコメントをしたのか先輩OTに聞いてみると、さらに勉強になると思います。

さまざまに述べてきましたが、地域に出ると、病院や施設では想像するしかなかった子どもの実際の生活の様子がよくわかります。そのような実生活を見る経験を増やしていくことは、OT自身の臨床活動の糧になると思います。また、OTの役割を見直すよい機会となり得ると思います。みなさん、ぜひ地域で活動しましょう！

〈参考文献〉

・加藤寿宏「通常学級の作業療法実践――小学校――評価から支援まで」日本作業療法士協会学術部編集『作業療法マニュアル』40「特別支援教育の作業療法士――よりよい実践のために」日本作業療法士協会、29-42，2010.

・佐野伸之、齋藤みのり、小林隆司、南征吾、河本聡志「作業療法士のコンサルテーション事業によって得られる放課後児童支援員のスキルアップの構造」『作業療法』38（4）440-449，2019.

・森川孝子、中前智通「放課後児童クラブ支援員への作業療法士の効果的な支援方法に関する検討――支援員へのグループインタビューより」平成30年度 備前県民局公募型協働提案事業「作業療法士との連携による発達障害児支援スタッフスキルアップ事業②　～地域拡大～」報告書、岡山県学童保育連絡協議会、31-33，2018.

Chapter 5

学校と作業療法士連携の実際

佐藤葉子（東京都立大学人間科学研究科作業療法科学域）

1 学校連携のカタチ

現在、日本において地域の学校と作業療法士（以下、OT）やその他の専門職が関わる形として、いくつかのパターンがあります。大きく分けて、以下の3つに分かれます。①巡回相談、専門家活用事業、②リハビリテーション担当ケースの学校連携、③学校常勤OTとしての勤務です。2007年度に特別支援教育が本格スタート*し、より作業療法士や心理士等、専門職へのニーズも高まりました。診断の有無に限らず、子どもが学校でよりよく過ごすために、日々生活する学校での支援は重要です。

① 巡回相談・外部専門家活用事業

巡回相談や外部専門家活用事業では、教育委員会や学校から派遣申請を受けていくことになります。2007年特別支援教育が本格的に開始※されて以降、各都道府県では学校からの要望が非常に増えてきました。学校や先生方からさまざまな要望やニーズがあがります。多くの場合は授業参観等で児童・生徒の様子を観察し、初めてその場で先生や児童・生徒と出会うことになります。要望の多くの場合は医療機関や支援サービスにつながっていない児童・生徒についての相談です。１対１で直接子どもに働きかけることは少なく、個別で直接子どもに働きかけるよりも、先生を通した間接的な支援となります。

広島県や東京都では、各学校に年間数百時間と上限が定められた時間数のうちで、非常勤として外部の専門家の配置、派遣が行われています。巡回相談よりも回数がある程度確保され、同校への定期的な訪問がなされます。

② リハビリテーション担当ケースの学校連携

病院や放課後等デイサービスで担当している児童・生徒について、学校との連携は欠

※2007年４月１日より学校教育法等の一部を改正する法律が施行された。

かせません。保護者からの要望でうかがうこともあります。子どもが日常生活の場でどのように過ごしているのかを知ることは、作業療法の目標、介入の見直しのためにも非常に重要です。日本の現状では、医療制度の枠組みによる学校訪問・連携は診療（報酬体系）行為としては認められていませんが、保育所等訪問支援*（児童福祉法）、いろいろなカタチで学校連携が図られています。

＊77ページミニコラム参照

連携の内容は地域によってさまざまで、私は大学附属クリニックの業務であったため、長年自由度高く地域に出ていましたが、一般の病院では診療にならないため（採算がとれない）、有休をとって学校に訪問している作業療法士もいました。その他は手紙や電話連絡という方法がいちばん多いのが現状です。病院側が学校連携の重要性に理解を示し、訪問等も認めてくれるようになった地域もあります。また、市の管轄病院だと外部連携に出やすい地域もあります。ＯＴの学校連携の課題はまだまだ大きいのが現状です。

3 学校常勤OTとしての勤務

常勤として学校に勤務する場合もあります。PTやOT等の免許取得後、教員資格認定試験を受け、特別支援学校の自立活動教諭として勤務することが可能です。また神奈川県では、2008年度より、全国的にもめずらしい独自の取り組みとして、PT、OT、ST、心理士等専門職を自立活動教諭として特別支援学校に配置しています。年々その人数は増加し、2021年４月現在で神奈川県下特別支援学校28校に計47名の自立活動教諭（専門職）が配置されています。先述の自立活動教諭や外部専門家と異なる点で特徴的なのは、①担任業務をもたない、②地域のブロック制をとっている点です。教員チームの一員として、個別教育計画の作成や教員からの具体的なニーズに対し、日常的に教育場面に関わっています。

また、神奈川県を大きく５つのブロックに分けて地域支援にもあたっています。ブロック内には４種の専門職いずれかが学校に配置されていますが、一つの学校にすべての専門職がいるわけではありません。そのため、特別支援学校のセンター的機能として、近隣の小中学校や、ブロック内の特別支援学校に訪問支援する役割も担っています。

2 学校連携で気をつけること

1 学校の文化を知る

学校の先生はさまざまな役割があります。担任だけでなく、主任業務や校務分掌（教務役割、生徒指導、進路指導など）、その他、学校のさまざまな行事や、通知表作成の時期など……とにかく学校は一日中とても忙しく過ぎていきます。先生方は、あらゆる書類作成業務も多く、ある先生がポツリと言われたことがあります。「昔は休み時間に子どもたちとドッジボールしたり、一緒に走り回って遊んでいたんです。今は、時間ができたら、宿題の添削、授業準備をしないといけない。子どもたちと遊んであげたいんだけど……」。先生たちも日々のやるべき課題に追われるようになってしまい、思いはあるけど時間がないと嘆かれています。

学校教育は学習指導要領に基づき、学習カリキュラムがつくられます。OTは教育学部で行うような教育学や教授法を学んできたわけではありません。しかし、おおまかにでも、学年ごとに、どのような単元や内容が盛り込まれていくのかを知っておくことは有益です。数の概念、文章読解、展開図など、子どもの学習の困難さの理解にもつながり、手立てを考える際に役立てることができます。

2 OTのやり方、考え方を押し売りしない

学校という文脈の中で可能な方法、過ごし方を考えることが大事です。リハビリテーションの時間に行っていることをそのまま学校で行うことはできません。1対1での子どもの様子と、1対集団での子どもの様子は異なることも多いです。1対1の場面で発揮される子どものもつ力を伝えつつ、集団生活の中でどのようにできるのかを先生と話し合う必要があります。でなければ、「個別だからできるんです」と言われてしまいます。

その他、専門的な用語を列挙して話をすることがないように言葉にも注意しましょう。

3 協働

特別支援教育が始まったばかりの頃、訪問させていただいた特別支援学校の先生と食事をしながら本音で話した時のことです。「教員は、自分たちと違う専門職が教育現場に入ることを脅威的に感じてしまう人もいるんだよ。良く悪くもずーっと教育の中だけで生きてきているから」と話されました。ベテランの先生から、これからの教育について、

熱くお話を聞かせていただけたことはありがたい時間でした。

医療では医師、看護師、理学療法士、作業療法士、外部機関など多職種チームで仕事をすることに慣れていますが、学校は多くが教員のみで構成されています。教育は作業療法よりも長い歴史をもつ領域です。その理念や思想などを重んじながら、子どもの教育に携わる熱い思いをもった先生方へ敬意を払うとともに、子どもの発達を願う仲間としての姿勢が大事になってくるように思います。子どもと接している時間は先生方がはるかに長いのです。一方向で教えるという立場ではなく、ともに考える専門職同士として、意見を出し合える関係づくりが重要になると思います。（図１）

図１）協働の関係

学校の文化や先生方の日々の業務、学校行事の年間の流れを共有し、互いの専門性や特徴、役割を理解することが協働のスタートだと思います。

3 学校訪問の際のポイント

1 事前連絡・共有

巡回相談の場合は、事前に依頼文書や窓口となる特別支援コーディネーターを通して電話連絡が入ります。そこで日時の相談や当日のスケジュールなどの確認を行います。対象となる児童・生徒が検査などを受けている場合は、可能な範囲で評価結果など、保護者の許可、学校管理職の許可を得た上で、実態把握のために準備いただけるよう、お願いしています。そうすることで、当日の授業参観や面談等の時間が有効活用できます。

担当ケースで連携を依頼する場合は、事前に保護者から学校連携の許可をもらい、担任の先生と校長先生へ依頼のお電話を入れます。どのような目的で学校にうかがいたいのかを説明し、訪問させていただく日時の相談をします。「今後の作業療法支援にも生かすために、先生方のご意見もうかがいたい」ということをお伝えしています。学校もさまざまな行事等があるため、緊急案件を除き、急な依頼は避けたほうがいいです。先生方との関係構築のポイントです。訪問日時の相談には余裕をもって連絡するよう気をつけましょう。

2 授業の様子

● 座り方や姿勢

教師から「子どもの課題点」として挙げられることも多いです。椅子からずり落ちそうに座っていたり、椅子を斜めに傾けて座っていたり、授業開始からうつぶせていたりなどさまざまです。「その背景は何だろう？」と考えながら様子を観察します。身体の筋緊張が低く、姿勢保持がしにくい、ガタガタ揺れていることで姿勢を保っていたり、意識を向けやすかったり。学習内容がわからずあきらめてしまっていることもあります。私は、話しかけても大丈夫な時は、子どもに聞いてみることもあります。そうすると、「もう（やること）終わったけ～暇なんよ」という子どももいました。決してさぼっているわけではなく、子どもには子どもなりの理由があります。その声に耳を傾け代弁者になることも必要な時があります。

● 教師の指示に対する応答

挙手したり、発言したり、気持ちの切り替え、授業への参加の仕方からも、子どもの教室内での適応状況を知る手がかりが得られます。好きな科目、苦手科目によっても様子が変わります。いつも手あそびが多い、私語が多いと指摘されていた子も、先生の質問やクラスメイトの発言にぼそぼそと答えを言っていたり、ノートに答えは書いているのに、手を挙げていないだけだったり、ノートは書いていないけど、教室の後ろで立ち歩きながら答えを言っていたりなど……。これらの姿は、子どもの自信のなさや、注目してもらいたい気持ちの表現の仕方かもしれません。

● 板書やノートの書き取り

授業準備の状態（教科書やノートなど必要な道具を出しているか）、使用しているノートのサイズ、鉛筆の握り方、書字のスピード、筆圧、文字の書き方、書く時のつまずきなどの確認。学年に応じた漢字の使用や文字のバランスなど。ノートを見ると、繰り返し消して書いていたり、ひらがなだけで書いていたり、１頁ごとのノートの使い方（構成）から、対象児の学習スキルなどの情報を得ることができます。

● クラスのルールは？

ルールの定着具合、授業の様子からクラス全体のまとまりや、雰囲気をつかむことができます。

● 友だちとの関わり方はどうだろう

友人関係のトラブル、関わり方の相談・課題も多いです。授業場面だけでなく、休み時間、給食、掃除の時間など、授業時間外の過ごし方の様子を見ることができると、友だちとどのように関わっているのか、どんな遊びを好んでいるのか、自然な姿を見ることもできます。

● クラスの物理的環境、環境の生かされ方に注目

作業療法士が得意とする、「人－環境－作業」（図２）の視点で捉えて分析することが、学校場面でも大いに生かされます。どのような環境で（人的、物理的）、その時どのような作業を行っているのかを総合的に考え整理していきます。

例えば、困難さがみられるのは、体育のどのような活動場面なのか、音楽で何を行っているときなのかなど具体的に考えていきます。また、一方で、問題とみられる行動などが、出現していない場面、子どもができている場面はどんな時なのか？を考えてみると、手立てや関わり方の糸口が見つかることも多いです。

どのような席に座っているのか（廊下側、校庭が見える、入り口付近、クラスの後ろ座席、周囲の子どもなど）によって、子どもの注意の向けやすさも異なってきます。視覚的、聴覚的情報がどのように受け取られる環境なのかに注目します。教室の一番前の席のほうがよい場合もあれば、後ろの空間を生かして少し動きが取れる座席にいるほうが落ち着くなど、子どもの様子によって席次の工夫もできます。

特別支援教育が始まって以降は、教室内の掲示物などの環境設定は、ユニバーサルデザインとして浸透してきています。例えば、授

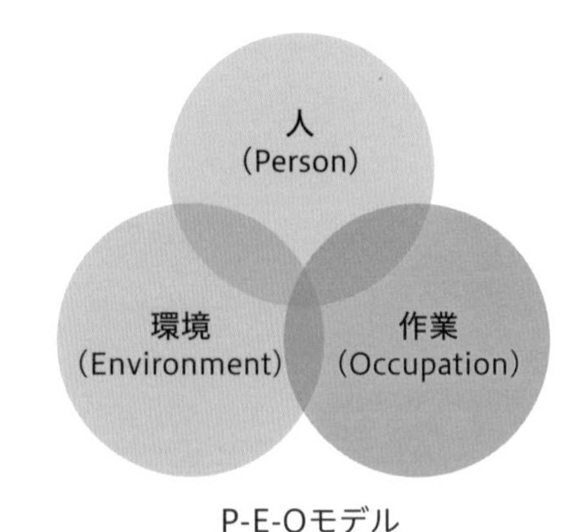

図２）作業療法の視点

業時間に関係ない情報にはカーテンや布をかけたり、掲示物は教室後方に掲示したり、椅子や机の脚には音が鳴らないようにテニスボールやクッションをはめて防音するなど工夫がされています。それが効果的に子どもの実態に適応しているのか、振り返りと見直しが必要です。

● 机周辺、ロッカー、掲示物を見てみよう

習字や絵などの作品、目標掲示など、教室の後ろにクラス全員の目標が書かれた紙が掲示されていたり、作品が飾られています。文字のバランス、手先の使い方、子どもの興味など手掛かりとなることがあります。またロッカーや引き出しの中などを見ると、プリントやノートなどがぐちゃぐちゃになっていたり、ランドセルが入っていなかったりなど、子どもの生活習慣の定着状態や手先の器用さなどの影響をみることができます。

3 先生との面談

巡回相談では授業観察後に面談を行い、先生方と支援の方針について検討する時間をもちます。担任、特別支援コーディネーターの先生の他に管理職や保健室の先生が同席されたり、学校全体での検討会議として行う場合もあります。実施の仕方については学校の要望に合わせて柔軟に行っています。個別のケース連携についても同様に、できる限り時間を設けていただけるよう事前にお願いし、時間については先生の予定をうかがい、夕方に再訪したり別日に訪問するなど工夫をしています。巡回相談の依頼によっては、保護者の方の相談・面談を設定することもあります。

● 先生のねがい

面談では、まずはじめに先生からのニーズについて、詳細に情報を聞き取ったり、その日の授業の様子について、先生が感じられたことなどをうかがうようにしています。すぐに、「こんなことが気になりました！　こうするとどうでしょうか」というような話はしないようにしています。

学校訪問に行き始めた当初は、先生方からは、「専門的な知識はないから」「医学的知見、診断名、支援の方法を教えてほしい」と、「How To」を求められることも多かったです。

即効性がある方法で、日々の困りごとは早く解決したいものです。ただ、とくに巡回相談では短時間の授業参観だけでは得られる情報も限られています。そして、作業療法士は魔法使いではありません。「手を出さなくなってほしい」「静かに授業に参加してほしい」といった、早く解決したい、その先生の気持ちをまずは受け止め、性急に「こうしてみてください」といったアドバイスをすることはぐっとこらえる必要があるかもしれません。

私は先生に、子どもやクラス全体がどんな様子、どんなクラスになっていってほしいのかうかがうようにしています。先生が子どものどんな姿に気づき、課題だと感じているのか、どのように捉えられているのかをじっくり話を聞きます（先生方もお忙しいので、限られた時間の中で、進めていく必要があります）。目の前の問題（と見える）行動も、見方を変えると強みとなり、支援の手立てに活かすことができます。先生のねがいの本質は何だろうか、そのようなことを先生方と話しているとちょっと長い目で子どもの発達を見ていく話に展開していきます。

● 子ども、保護者の思い

子どもや保護者の視線で考えてみることも必要です。授業参観で得られた子どもの姿や声、様子から考えられること、また、個別で担当している子どもや保護者が直接は伝えられていないことを、先生方に伝えることも必要です。時には、異なる見方や意見がぶつかり共有できるまでに時間がかかることもあります。先生に依頼するだけでなく、学校内での支援の協力体制や、ご家庭でできそうなこと、外部機関との連携など、優先順位を決めながら、役割分担ができないか検討していくことも大切です。

● 具体的で学校で可能な方法の検討

学校でできそうな具体的な方法を検討することは大事です。できる限り「それなら工夫できそう！」「取り入れてみよう」と思ってもらえるためにも、よく先生方に提案する補助具などは持参し、具体物をお見せしたり、お貸しして、「お試し期間」として使っていただいたり、持参が難しい際は写真で見せたりなど共有しやすい工夫をしています。対象児だけでなく他の子どもも同じような実態であれば、同じように対応してみることにもつながります。

「（OT室にあるような）大きなブラ

ンコは用意できないけど、毛布そりなら体育の授業に、リレー形式で取り入れられそうかな」とか、「跳び箱やマットを並べてサーキットのように作ることはできるかな」など、学校にある道具をうまく工夫して使えそうな活動の提案をすることが大事です。ポイントになることをお話すると、先生方から「それならこんな方法はどうだろう」「ほかにも、あの子もあの子にもきっと良いはず！」と、先生方がアレンジ案を提案してくださいます。

4 守秘義務

学校連携、訪問時に知り得た情報を外部へ漏らすことなどないように注意をしましょう。事前の書類等は個人情報が特定されない範囲の情報ですが、当日の資料や自分のメモなどは学校側へ渡し、保管または処分してもらうようにしています。訪問時には、対象となる児童・生徒だけでなく、クラスメイトなど他の児童・生徒の様子や話も上がることが多いです。学校内で知り得た情報の取り扱いには十分に注意する必要があります。

おわりに

アメリカでは学校で働くOTの数がOT全体の20数％に及びます。学校にOTがいることが当たり前の文化なのです。一方で日本では小児領域に関わるOTがOT全体の数％です。また、以前に見学に行った韓国の公立学校では、教材準備のためのスタッフが常駐し、教材室にて各教員からのオーダーに沿った教材の準備をしていました。忙しい担任業務のサポートをされていました。国や地域が違えばいろいろなスタイルがあります。他地域の方法をそのまま輸入するわけではなく、日本の各地域や学校の状況に合わせてアレンジしていける柔軟な教育が広がるとよいなと思います。

Part 1の事例には学校での実践例（38、73ページ）には、学校での支援例も記載しました。学童保育の事例が多いですが、学童保育や学校に訪問すると、学童の支援員と教員との連携についての相談を受けることもあります。また、貧困や虐待疑いなど、家庭環境の背景からさまざまな社会的資源の利用や支援の必要性があるケースの相談も上がります。作業療法士のもつ協働や調整する力（作業を可能化する技能の一つ）を十分に発揮し、行政や学校、時には弁護士や警察などさまざまな立場の人とつながることで、子どもの発達を地域で育んでいくことができるのではないかと思います。

Epilogue

地域総合作業療法のすすめ

小林隆司（東京都立大学人間科学研究科作業療法科学域）

1　作業療法の高度細分化の影響

医学的知識の増大が、医療の専門化を生んだ。そして専門医療の進展が、作業療法の高度細分化を導いた。例えば昨今、年齢区分（乳幼児の作業療法、高齢期の作業療法など）や疾患区分（手の外科の作業療法、精神科の作業療法など）、サービス区分（急性期病院の作業療法、介護老人保健施設の作業療法など）ごとに作業療法が論じられるようになり、さまざまな成書が出版されている。もちろんこのことは、私たちがさまざまな状態のクライアントに最も効果的な作業療法を追求した結果であり、作業療法発展の象徴に他ならない。

しかしながら、臨床現場における作業療法士の経験の幅が専門分野に集中することで、複合的な疾病や障害に対する対応能力の低下や全人的に対象者をみる視点の喪失が危惧される。例えば、「身体障害しかみたことないので、精神面はうまく対応できません」などと言う作業療法士は少なくない（逆も同様）が、身体障害を抱えることになった対象者は、往々にして不安や動機づけの低下を示す。

もし作業療法士が、このような対象者に、モチベーションのない人といったレッテルを貼ることによって、その対象者の作業療法を受ける機会を制限したとしたら、悲劇としかいえない。なぜならば、そのような対象者は、彼らがおかれた状況からみて、正常な反応や行動を示しただけだからである。

2　失われつつある作業療法のスキル

30年前、作業療法士の三種の神器といえば、「作業・集団・自己」であった。作業・集団・自己を治療的に使用できるのが作業療法士の強みとされたので、臨床実習では、クラフトなどの作業を使いこなすこと、集団プログラムを実施すること、そして自分の性格特徴などに向かい合いながら、それをどう生かすかを考えることがメインとなっていた。

現在、これらのスキルが作業療法士から急速に失われつつある。例えば、集団については、身体障害領域で集団作業療法の算定が認められなくなってから、その利用は急激に減っていると考えられる。また、手工芸関係の作業は特に、衛生面やコストの面から実施頻度が減り、アーツ・アンド・クラフツ運動に基礎をおく、人間の手が作り上げるものの美と健康に対するポジティブな効果を語る作業療法士は希少となっている。

さらに、自己の治療的活用についても、根拠に基づいた作業療法が推奨される今日では、作業療法士それぞれのパーソナリティを反映した定量化しえない曖昧なものとして処理され、有効な手段として意識されなくなってきている。

しかし今、地域で作業療法士の支援を待っている人たちの多くは集団の中にいる。例えば、学童保育や放課後児童デイ、小中学校、子ども食堂、自立援助ホーム等である。これらの中で起こることは、対象者だけを抜き取って理解することも解決することも困難である。地域では、集団の中での関係技能を評価する力や集団力動を介したアプローチが必要不可欠である。

また地域では、病院入院中等と比べて、シミュレーション的な作業場面に関わることが減り、具体的で現実的な生活場面（リアル・オキュペイション）に関わる割合が増える。そのため、作業に対するさまざまな知識が大いに役立つと考える（釣りをしたことのない作業療法士が、釣りのことで対象者とどれだけ盛り上がれるだろうか？）。そしてさらに地域には、ボールプールもボルスターも高価なリハビリテーション機器もないことが多い。そんな時に、自分を治療的手段として使えるなら、どんなに心強いだろうか？　地域では自分を最大限に活用することが資質の一つとなる。

3　地域共生社会における作業療法

日本の地域を支えてきた血縁、地縁、社縁という共同体システムが崩壊し、地域の担い手が人口減少により急速に不足していく中で、厚労省は、制度・分野ごとの「縦割り」や「支え手」「受け手」という従来の関係を超えて、地域住民や地域の多様な主体が「我が事」として参画し、人と人、人と資源が世代や分野を超えて「丸ごと」つながることで、住民一人ひとりの暮らしと生きがい、地域をともに創っていく社会（地域共生社会）の創設を提案している。また、そのためには、「断らない相談支援」「参加支援」「地域づくりに向けた支援」の３つの支援を一体的に行う必要があるとしている。

改めて言うまでもなく、作業療法支援の一丁目一番地は「活動と参加」にある。地域共生社会において作業療法士は、社会とのつながりを維持・回復させるための「参加支援」に貢献しうる専門職である。また、地域における多世代の交流や多様な活躍の機会と役割を生み出すための「地域づくりに向けた支援」においても力を発揮できる。

ところで作業療法士という専門職が誕生して100年が過ぎた。その間に人口が減少に転じるということはほとんどなかっただろう。今直面している社会構造の変化は、医療を含めたすべての政策に大きな変化を及ぼすものと考える。そのような意味で、ここで作業療法士が地域における存在感を示すことができなかったら、不必要な職種として消滅してもなんら不思議はない。

4 地域総合作業療法士への道

地域共生社会の掲げる「丸ごと」支援に作業療法士が貢献するためには、年齢や疾患に依存せず、全人的に対象者を評価し、包括的にアプローチする必要がある。そのために作業療法士は、どの疾患にでも対応できるような思考の基本的プラットフォームをもつ必要がある。それには生活行為向上マネジメント（Management Tool for Daily Life Performance: MTDLP）やカナダ実践プロセス枠組み（Canadian Practice Process Framework: CPPF）、作業療法介入プロセスモデル（Occupational Therapy Intervention Process Model: OTIPM）等が挙げられるが、、何か一つでも習得することを勧める。また、コアとなる支援スキルには、上述した「作業・集団・自己」を挙げておきたい。

誤解を恐れずに言うと、地域総合作業療法士はジェネラリストであり、細分化されたすべての専門領域に対する深い知識を最初からもつ必要はないと考える。むしろ、手に負えないと感じた時には、専門的な作業療法士に積極的につなぐ勇気が必要となる。まずは地域に出て、経験を重ねながら、いかなる年代のいかなる疾患の対象者にも対応できる力をつけていけばいいのである。どのような形態でもいいので、地域に出れば、今までと違った景色が見えてくるはずである。

地域で活動するために役立つ書籍・Web紹介

［学童保育関連］

- 『改訂版・放課後児童クラブ運営指針解説書』厚生労働省、2021年
- 『学童保育情報』全国学童保育連絡協議会（毎年発行）
- 月刊『日本の学童ほいく』全国学童保育連絡協議会

［感覚統合関連］

- 土田玲子監修、石井孝弘・岡本 武己編集『感覚統合Q&A 改訂第2版――子どもの理解と援助のために』協同医書出版社、2013年
- 鴨下賢一・池田千紗、小玉武志、高橋知義著『発達が気になる子の脳と体をそだてる感覚あそび――あそぶことには意味がある！　作業療法士がすすめる68のあそびの工夫』合同出版、2017年
- 太田 篤志監修、森川芳彦ほか編著『学童期の感覚統合遊び――学童保育と作業療法士のコラボレーション』クリエイツかもがわ、2019年
- 加藤寿宏監修、高畑脩平ほか編著『子ども理解からはじめる感覚統合遊び――保育者と作業療法士のコラボレーション』クリエイツかもがわ、2019年

［応用行動分析（ABA）関連］

- 平岩幹男監修、Shizu著『発達障害の子どもを伸ばす魔法の言葉かけ』講談社、2013年
- 井上雅彦監修、三田地真実・岡村 章司著『子育てに活かすABAハンドブック――応用行動分析学の基礎からサポート・ネットワークづくりまで』日本文化科学社、2009年

［作業療法関連］

- 吉川ひろみ著『「作業」って何だろう　作業科学入門第2版』医歯薬出版株式会社、2017年
- 糸山智栄、小林隆司編著『学童保育に作業療法士がやってきた』高文研、2017年
- 小林隆司・森川芳彦・河本聡志・岡山県学童保育連絡協議会編著『学童期の作業療法入門　学童保育と作業療法士のコラボレーション』クリエイツかもがわ、2017年
- 仲間知穂・こども相談支援センターゆいまわる編著『学校に作業療法を――「届けたい教育」でつなぐ学校・家庭・地域』クリエイツかもがわ、2019年

［コンサルテーション関連］

- 岡田貴富監修、松本 政悦・酒井康年・本間嗣崇編著『地域で働く作業療法士に役立つ発達分野のコンサルテーションスキル』三輪書店、2018年
- 大石哲之著『コンサル1年目が学ぶこと』ディスカヴァー・トゥエンティワン、2014年
- 佐々木圭一著『伝え方が９割』ダイヤモンド社 2013年

[ホームページ]

- 全国学童保育連絡協議会ホームページ
  http://www2s.biglobe.ne.jp/~Gakudou/

[Facebookページ]

- 学童保育応援団
  https://www.facebook.com/gakudou

[Facebookグループ]

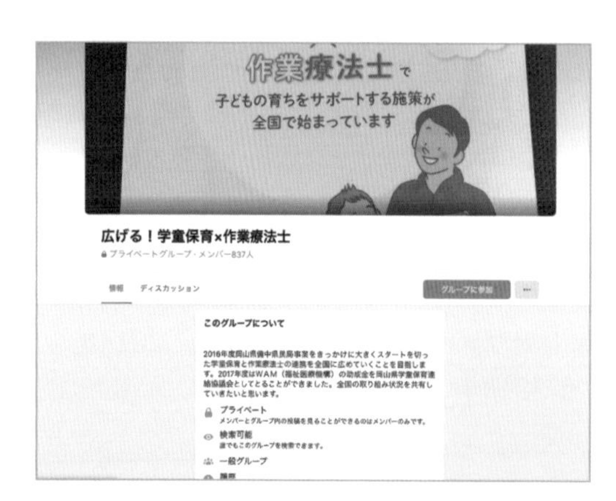

- 広げる！学童保育×作業療法士
  https://www.facebook.com/groups/156107411591339

- 一般社団法人日本作業療法士協会
ホームページ
https://www.jaot.or.jp/

- 地域でチームで長い目で
〜学童保育作業療法士連携
https://www.facebook.com/otgakudou

- OTにIT（OTに会いてぇ）
https://www.facebook.com/
groups/303979203949448

●執筆者一覧／五十音順（監修者・編著者を除く）

飯田眞佐子（宮城県／放課後児童支援員）
伊藤美保子（愛知県／藤田医科大学保健衛生学部リハビリテーション学科作業療法専攻）
梅津　憲栄（山形県／山形県立こころの医療センター　作業療法士）
江渡　義晃（佐賀県／一般社団法人わたぼうし　作業療法士）
大山　明美（兵庫県／姫路医療専門学校　作業療法士）
岡嶋　安起（岡山県／自立援助ホームあてんぼホーム長）
小野　治子（宮城県／東北福祉大学健康科学部リハビリテーション学科作業療法学専攻）
河北　大樹（岡山県／とみた児童クラブ　放課後児童支援員）
河村　美緒（佐賀県／放課後児童支援員）
木村美登里（神奈川県／鶴見たけのこ学童クラブ　放課後児童支援員）
小嶋　哲志（愛知県／名古屋市あおぞら学童保育クラブ　放課後児童支援員）
籠田　桂子（岡山県／ながおキッヱ児童クラブ　放課後児童支援員）
齋藤みのり（和歌山県／和歌山県福祉事業団　作業療法士）
坂邊　知穂（ 岡山県／二福のびのびクラブ　放課後児童支援員）
佐々木将芳（静岡県／静岡県立大学短期大学部　社会福祉士）
佐藤　敏文（岡山県／中島学童保育　放課後児童支援員）
篠崎　加恵（高知県／放課後児童支援員）
髙原　康徳（岡山県／㈱創心會　作業療法士）
田中　雅美（佐賀県／放課後児童支援員）
津田　憲吾（大分県／（公社）大分県作業療法協会　作業療法士）
鶴藤　　彩（岡山県／作業療法士）
永松　謙一（大分県／（公社）大分県作業療法協会　作業療法士）
中村　朱美（兵庫県／神戸市本山南学童保育所ひまわりクラブ主任指導員）
濱畑　法生（東京都／東京福祉専門学校　作業療法士）
福田　弘子（群馬県／作業療法士）
細川かおり（愛媛県／放課後等デイサービス　発達みかんの木　あそびの森　作業療法士）
牧　　利恵（東京都／東京都立大学人間健康科学研究科　作業療法科学域　博士後期課程）
増子　拓真（神奈川県／TASUC株式会社　作業療法士）
丸茂ひろみ（群馬県／放課後児童クラブ統括責任者）
森川　芳彦（岡山県／専門学校川崎リハビリテーション学院　作業療法学科）

●協力

門脇　結衣（東京都／作業療法士）
小出　直樹（大阪府／作業療法士）
藤崎　咲子（神奈川県／作業療法士）

PROFILE

[監修者]

● **小林隆司（こばやし　りゅうじ）**

1964年広島県広島市生まれ。1986年、作業療法士免許取得。2001年、広島大学大学院博士課程修了。2014年より東京都立大学大学院人間健康科学研究科作業療法科学域教授。地域において、個人の意味のある活動を支え、それによって健康増進やコミュニティの再生を図ることのできる地域総合作業療法を提唱している。最近の趣味は名建築めぐり。業績等は、https://researchmap.jp/をご参照ください。

[編著者]

● **八重樫貴之（やえがし　たかゆき）**

1977年岩手県北上市生まれ。2001年青山学院大学経済学部経済学科卒業。銀行員を経て「直接人の役に立つ仕事がしたい」と作業療法士になることを決意し、2008年に作業療法士免許取得。2016年首都大学東京大学院人間健康科学研究科作業療法科学域博士前期課程修了。現在、博士後期課程に在籍中。都内発達センターで多くの発達障害を抱える子どもの療育を行なった後、2018年より帝京平成大学健康メディカル学部作業療法学科助教。研究テーマは学童保育における作業療法コンサルテーション。毎週火曜日にzoomにて開催されている「OTにIT（会いてぇ～）」では顧問を勤める。

● **佐藤（山西）葉子（さとう　ようこ）**

1980年宮崎郡清武町（現、宮崎市）生まれ。2004年長崎大学医療技術短期大学部作業療法学科卒業。長崎大学病院勤務を経て、神奈川県立保健福祉大学、2010年より県立広島大学保健福祉学部勤務。同附属診療センターでは0歳から成人までの発達障害児・者の作業療法支援、学校訪問、学童保育指導員の研修会などに従事。現在、長崎大学大学院医歯薬学総合研究科博士課程に在籍し、感覚統合療法の効果研究を行っている。2020年10月に東京都立大学へ着任。子どもやその家族とともに、馬を介在した牧場暮らしのキャンプをすることがライフワークの一つ。

● **糸山智栄（いとやま　ちえ）**

1964年岡山県赤磐郡赤坂町（現、赤磐市）生まれ。岡山大学教育学部卒業。岡山県子ども劇場協議会専従事務局として十数年働き、その後訪問介護に転職。2005年NPO法人で訪問介護事業を開始。2012年株式会社えくぼを設立し移行。働きながらの子育てで学童保育に出会い、保護者として岡山県学童保育連絡協議会事務局長として活動、2014年から会長。プレハブ施設の木造化や作業療法士との連携など学童保育の質の向上に注力している。SNSやグラレコ等を活用しながら、フードバンク岡山、オレンジハート等のすきまを支える市民活動を展開中。

地域に出よう！　作業療法士
「学童保育×作業療法」コンサルテーション入門

2021年 6 月20日　初版発行

監修者●ⓒ小林隆司
編著者●ⓒ八重樫貴之・佐藤葉子・糸山智栄
発行者●田島英二　taji@creates-k.co.jp
発行所●株式会社 クリエイツかもがわ
〒601-8382 京都市南区吉祥院石原上川原町21
電話 075(661)5741　FAX 075(693)6605
http://www.creates-k.co.jp
郵便振替　00990-7-150584
イラスト●山岡小麦
デザイン●菅田　亮
印 刷 所●モリモト印刷株式会社
ISBN978-4-86342-307-7 C0036　printed in japan